ALL NEW
브리태니커 지식 백과

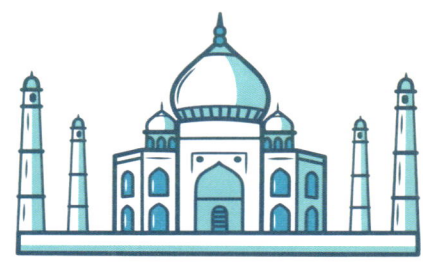

변화와 발전의 시대
근대와 현대

머리말

엔사이클로피디어 브리태니커는 아주 오래 전인 1768년부터 흥미로운 지식들을 모아서 독자들이 즐겁고 재미있게 익히는 데 도움이 되도록 노력해 왔어요. <브리태니커 지식 백과>도 여러분을 재미있는 지식의 바다로 안내하는 책이에요. 여러분이 페이지를 넘길 때마다 새로운 탐험거리가 넘쳐날 거예요.

이 책에 나오는 모든 놀랍고 흥미진진한 내용은 언제든지 바뀔 수가 있어요. 아직 답을 알아내지 못한 수수께끼를 풀게 되면 새로운 사실이 또 밝혀질 테니까요. 그러니 '밝혀지지 않은 이야기' 코너를 특히 잘 봐두세요. 이 책을 만드는 데 도움을 준 여러 학자와 전문가들은 지금도 지식의 경계를 허물고 또다시 만들어가면서 열심히 '정확한' 지식을 찾고 있어요. 그분들 덕분에 우리는 세상을 더 잘 이해할 수 있게 되지요. 세상을 더 잘 이해한다는 건, '무엇을 아직 모르고 있는지도 안다'는 뜻이에요.

우리는 '사실'이 중요하다고 믿어요. 그래서 책에 싣는 모든 내용이 사실인지 철저하게 확인하며 정확한 것만을 담기 위해 노력해요. 엔사이클로피디어 브리태니커는 250년 넘게 전문가들과 함께 혁신을 추구하면서 연구와 탐구에 헌신해 왔어요. 그 오랜 역사 끝에 브리태니커와 왓언어스 출판사가 손잡고 크리스토퍼 로이드와 함께 펴낸 이 <브리태니커 지식 백과>를 어린이들에게 소개하게 되어 매우 기뻐요.

제이 루버링
엔사이클로피디어 브리태니커 편집장

차례

근대와 현대: 크리스토퍼 로이드	5
아프리카의 제국들	6
르네상스	8
아즈텍 문명과 잉카 문명	10
신항로 개척	12
무굴 제국	14
일본의 평화 시대	16
새로운 제국	18
북아메리카의 유럽 사람들	20
아메리카 대륙의 노예 제도	22
혁명의 시대	24
의학의 발전	26
산업 혁명	28
제1차 세계 대전	30
여성의 참정권	32
공산주의의 등장	34
대공황의 발생	36
제2차 세계 대전	38
냉전 시대	40
식민지의 독립	42
민권	44
새로운 갈등, 새로운 희망	46
세계의 나라	48
전문가에게 물어봐!	50
퀴즈	51
낱말 풀이	52
찾아보기	53
참고한 자료	55
사진과 이미지 출처·이 책을 만든 사람들	56

처음으로 고압 증기 기관을 만든 사람은 영국의 발명가 리처드 트레비식이었다. 트레비식은 증기 기관차도 발명했지만, 고압 증기 기관이 사람들의 생활에 얼마나 큰 변화를 가져올 것인지는 미처 알지 못했다. 1830년대에 이르러 크게 발전한 증기 기관차를 이용해 사람들이 아주 먼 곳까지 여행할 수 있게 되면서 세상이 완전히 바뀌었다. 오늘날에도 고압 증기를 사용한다. 원자력 발전소에서는 물을 가열해 나온 고압 증기로 터빈을 돌려 전력을 생산한다.

근대와 현대

크리스토퍼 로이드

지금 우리가 사는 시대를 '현대'라고 해요. 현대에 가까운 과거를 '근대'라고 부르고요. 근대에 들어서면서 세상이 놀라울 정도로 바뀌었어요. 인간의 존엄성이 존중받기 시작했고 상업이 발달했어요. 자원을 구하기 위해서 새로운 땅을 찾아 나섰고, 식민지가 곳곳에 건설되었어요. 오래전부터 그 땅에 살았던 원주민들의 생활은 크게 바뀌었고, 때로는 삶의 터전을 잃기도 했어요. 혁명과 테러, 세계 대전과 같은 역사적 사건들이 세계 곳곳에서 일어났어요. 어떤 사람들에게는 승리의 기쁨을 안겨주었지만 다른 사람들에게는 고통과 불행을 상징하는 사건들이었지요.

근대에서 현대에 이르는 동안 갈등과 고통으로 얼룩졌던 것만은 아니에요. 예술, 의학, 과학, 기술에서 커다란 발전을 이루기도 했답니다. 이탈리아 르네상스 시대 예술가들의 솜씨는 정말 놀라웠어요. 의학이 발달해서 질병의 고통을 줄였어요. 과학이 발달하고 새로운 기계들이 등장하면서 수공업자의 시대가 가고, 평범한 사람들도 따뜻한 음식을 먹고 전기를 편리하게 사용할 수 있게 되었지요. 우주 탐사를 경쟁하면서 지구 밖으로 우주선을 보냈어요. 다른 사람과 어딘가 다르다는 이유로 차별받던 사람들이, 그동안 당연히 누렸어야 할 권리를 이제야 조금씩 찾기 시작하고 있답니다. 이렇게 흥미롭고 놀라운 근대와 현대의 이야기, 함께 읽어봐요!

아프리카의 제국들

아프리카에는 많은 왕국과 제국이 있었다. '제국'은 여러 작은 왕국을 다스리는 큰 나라를 뜻한다. 서아프리카의 대서양 연안에서 동쪽으로 사하라 사막에 이르는 넓은 지역에는 말리 제국이 있었다. 동아프리카 지금의 에티오피아와 에리트레아 지역에 있었던 에티오피아 제국은 현대에 이르기까지 7세기 동안이나 이어졌다. 서아프리카 오늘날의 가나 남부 지역에는 아샨티 왕국이 있었다.

말리 제국의 만사 무사 황제

말리 제국의 만사 무사 황제는 지금까지 살았던 사람 가운데 가장 부자라고 알려져 있다. 1307년 만사 무사가 황제 자리에 올랐을 무렵 말리 제국은 무역과 풍부한 금광으로 매우 부유해졌다. 만사 무사 황제의 재산을 구체적으로 알 수는 없지만, 역사학자들은 그가 금과 소금 무역으로 모은 재산이 오늘날의 돈으로 480조 원에 이를 것이라고 생각한다.

이슬람교의 학문

말리 제국 동부에는 중심 도시인 팀북투와 가오가 있었다. 만사 무사 황제는 팀북투와 가오에 이슬람교의 예배용 건물인 모스크와 학교를 세웠다. 1327년 세워진 징가레베르 모스크는 학문의 중심지가 되었다.

1324년 만사 무사 황제는 멀고 먼 여행길에 나섰다. 이슬람교에서 가장 성스럽게 여기는 도시 메카로 순례 여행을 떠났던 것이다. 메카는 지금의 사우디아라비아에 있다.

만사 무사 황제는 여행길에서 만난 사람들에게 황금을 나누어 주었다.

만사 무사 황제의 행렬은 6만 명이나 되었으며, 낙타 80마리가 행렬을 따랐는데, 한 마리마다 황금 135킬로그램을 싣고 있었다.

도움말 주신 전문가: 에타나 딩카 **함께 보아요:** 종교, 5권 22~23쪽; 중세 유럽, 6권 48~49쪽; 아메리카 대륙의 노예 제도, 7권 22~23쪽; 세계의 나라, 7권 48~49쪽

1. **말리 제국**
말리 제국은 1200년대에서 1500년대까지 서아프리카에서 가장 영향력이 큰 나라였다.

2. **에티오피아 제국**
에티오피아 제국은 1270년부터 통치한 솔로몬 왕조 때 전성기를 누렸다.

3. **아샨티 왕국**
서아프리카 지금의 가나 지역에 있었던 왕국으로 1600년대 후반에서 1900년대 중반까지 존재했다.

제국의 영역

말리 제국과 에티오피아 제국은 현대 국가인 말리와 에티오피아와는 다르다. 오늘날의 에티오피아는 에티오피아 제국과 거의 같은 지역에 있으며, 말리는 말리 제국이 차지했던 지역의 중남부와 동부 일부 지역에 걸쳐 있다. 아샨티 왕국은 지금은 나라가 아니며 가나의 주를 이루고 있다. 아샨티족은 가나, 토고, 코트디부아르와 같은 몇몇 아프리카 국가에 살고 있다.

밝혀지지 않은 이야기
랄리벨라에 암굴 교회를 지은 것은 누구였을까?

에티오피아는 악숨 왕국이었던 서기 330년 무렵부터 그리스도교 국가였다. 악숨 왕조는 그리스도교 성경에 나오는 솔로몬 왕의 후손이라고 알려져 있다. 에티오피아 북부에 있는 랄리벨라 마을에는 거대한 바위 언덕을 깎아 내려가서 만든 교회가 11곳 있다. 악숨 왕조 이후 에티오피아에 있었던 자그웨 왕조 랄리벨라 왕 때인 12~13세기에 지어졌으며, 현지에 사는 사람들은 천사들이 암굴 교회를 만들었다고 믿고 있다.

켄테 천

독특한 색깔과 무늬로 유명한 켄테 천은 아샨티 왕국 시대에 처음 만들어졌다. 켄테 천은 아샨티에서 흔히 재배하던 목화로 실을 뽑아 만들었다. 화려하게 염색한 날실과 씨실로 복잡한 무늬가 있는 폭 10센티미터 정도의 천을 만들고, 여러 무늬의 천을 이어서 옷을 지어 입었다. 지금은 아프리카의 가나 지역뿐 아니라 전 세계에서 켄테 천이나, 켄테 천의 독특한 무늬를 모방한 옷감으로 옷을 만들어 입는다. 켄테 천에서 황금색은 왕족, 풍요, 높은 지위, 영광, 순수한 정신을 상징하는 색이어서 어느 무늬에나 빠지지 않고 쓰인다.

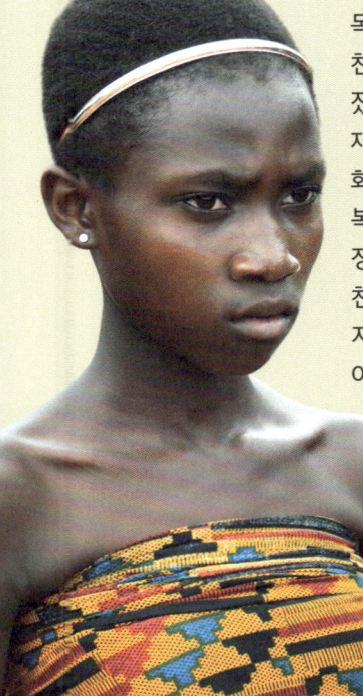

서아프리카의 황금

아프리카의 여러 지역에서 황금이 채굴되었는데, 특히 아프리카 서부 해안 일부는 '황금 해안'이라고 불리기도 했다. 아프리카 서부의 풀라니족과 아샨티족, 아프리카 남부 지역 사람들, 그리고 아프리카 북부에 살았던 고대 이집트 사람들은 모두 황금으로 아름다운 공예품을 만들었다. 이 황금 사자는 아샨티족의 장신구로, 아샨티족에게 황금은 나라의 혼과 풍요를 상징하는 것이었다.

도움말 주신 전문가: 제인 롱 함께 보아요: 고대 그리스, 6권 30~31쪽; 고대 로마, 6권 38~39쪽; 이슬람교의 황금기, 6권 46~47쪽; 신항로 개척, 7권 12~13쪽

르네상스

14세기 이탈리아에서 시작된 르네상스는 '부활'·'재생'이라는 뜻으로, 고대 그리스와 로마 문화에 대한 유럽 사람들의 관심이 되살아난 시기였다. 르네상스 시대에는 자연에 대한 깊은 이해와 사람을 중심에 두는 지식이 강조되었으며, 사실을 바탕으로 예술을 창작했다. 르네상스 사상은 유럽의 전 지역으로 퍼졌는데, 이렇게 된 데에는 1439년에 발명된 인쇄술도 큰 영향을 끼쳤다. 르네상스 시대에 문학과 미술, 학문에서 중세와는 다른 뛰어난 성과가 나타났다.

아테네 학당(1509~1511년)

르네상스 시대 이탈리아 화가 라파엘로가 바티칸 궁전 안에 있는 교황 율리오 2세의 서재에 그린 프레스코 벽화이다. '프레스코'는 덜 마른 석회 벽에 수채 물감을 칠하는 기법을 말한다. 르네상스 시대에 나타난 문화·예술 사상의 핵심이 엿보이는 이 그림에는 자연에 대한 지식을 나누고 있는 학자들이 묘사되어 있다.

1. 르네상스 시대의 건축가들은 고대 로마 건축물의 균형미와 웅장한 규모를 동경했다.
2. 그림 속 아치 모양 입구는 앞에 있는 것이 가장 크고, 멀리 있을수록 작게 그려져 있다. 평평한 벽에 그려진 그림인데도 입체적으로 느껴지는 눈의 착각이 일어난다. 이것을 원근감이라고 한다.
3. 그림 속 인물들의 생김새와 동작이 마치 실제 사람처럼 보인다. 저마다 다른 얼굴과 몸집, 옷차림에 행동도 자연스럽다.
4. 그림 중앙에는 고대 그리스를 대표하는 철학자인 플라톤과 아리스토텔레스가 있다.
5. 라파엘로는 이슬람 철학자 아베로에스를 작품에 등장시켰는데, 이는 이슬람 문화의 영향을 받았음을 암시한다.
6. 이 무리의 중심에 있는 사람은 고대 그리스의 중요한 사상가이자 수학자였던 피타고라스이다.
7. 르네상스 시대 화가들은 작품에서 인체와 자세를 해부학적으로 정확하게 표현하려고 했다.
8. 라파엘로는 인물의 피부와 옷에 하이라이트를 주어 그림의 오른쪽에서 햇볕이 들어온 것 같은 인상을 준다.
9. 지구의는 별과 지구에 관한 연구를 나타낸다. 이 시기의 과학자들은 천문학에서 큰 발전을 이루었다.
10. 라파엘로는 검은색 옷을 입은 자신의 모습도 그려 넣어 자신이 자연계를 이해하고 있다는 자부심을 드러냈다.
11. 수학 도구들은 르네상스 시대 지식인들의 특징이라고 여겨지던 과학에 대한 높은 흥미를 암시한다.
12. 교황의 서재로 이어지는 출입구이다. 서재 위 벽에 이 그림이 그려졌다.

아즈텍 문명과 잉카 문명

아메리카 대륙에서 나타난 주요 문명으로 지금의 멕시코 지역에서 탄생했던 아즈텍 문명과 남아메리카 태평양 연안 지역에서 탄생했던 잉카 문명이 있다. 두 문명 모두 하늘이 선택했다고 하는 통치자가 있었고, 큰 도시들이 있어 상업과 무역이 활발하게 이루어졌다.

1. 오늘날의 멕시코에 있었던 아즈텍 제국은 1400년대에서 1500년대 초반까지 가장 융성했다.
2. 1200년 무렵 오늘날의 페루에 있는 쿠스코를 수도로 세웠던 잉카 제국은 1500년대 초반이 전성기였다.

호수 속의 도시

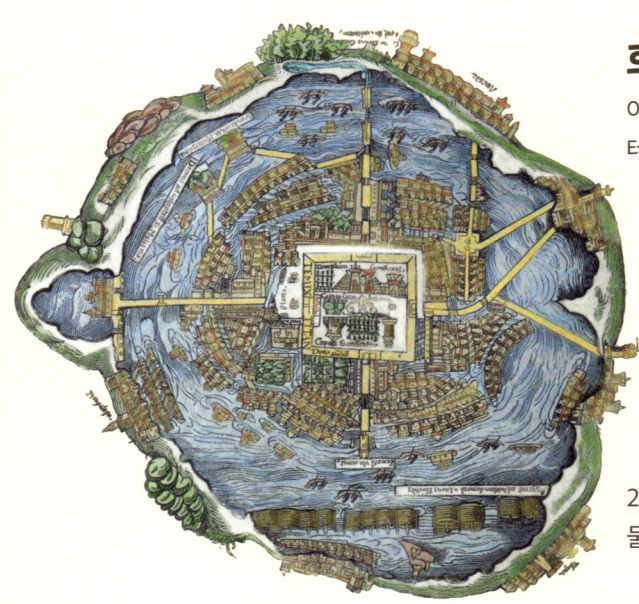

아즈텍 제국의 수도 테노치티틀란은 지금의 멕시코시티 지역에 있었다. 이 도시는 텍스코코 호수에 있는 섬들 위에 세워졌다. 1500년대 초에 약 30만 명이나 되는 사람들이 테노치티틀란에 살았다. 도시의 중심에는 신전이 있었고, 주위를 아즈텍 제국의 황제인 목테수마 2세의 궁전과 귀족의 저택들이 둘러싸고 있었다.

제국의 확대

잉카 제국은 오늘날의 콜롬비아에서 에콰도르를 거쳐 칠레 산티아고 남쪽 80킬로미터 지점까지 이어졌다. 인구는 1200만 명 정도였다. 아즈텍 제국은 오늘날의 멕시코 중부에서 과테말라까지, 태평양에서 멕시코만으로 이어지는 지역에 있었다. 인구는 500~600만 명이었다.

잉카의 매듭 문자

잉카 사람들은 중요한 정보와 역사적인 사건을 기록하기 위해 '키푸'라는 매듭 문자를 만들었다. 매듭 글자는 라마의 털을 꼬아 만든 줄에 일정한 규칙에 따라 매듭을 만든 것으로, 기본 줄에 연결한 작은 줄의 순서, 작은 줄에 만들어진 매듭의 수와 종류, 매듭 사이의 거리로 정보를 기록했다. 잉카 사람들은 다른 사람이 기록한 매듭을 만져서 무슨 내용인지 알아낼 수 있었다.

숙련된 기술자들

잉카 사람들은 뛰어난 기술자들이었다. 눈 덮인 산과 밀림, 사막을 가로질러 3만 8500킬로미터나 되는 도로망을 건설한 것도 잉카 사람들이었다. 높고 험한 산 깊은 골짜기에는 줄다리를 설치했다. 잉카에는 바퀴 달린 수레가 없었으며 물건을 나를 때 주로 라마를 이용했다.

골짜기를 건너는 길 깊은 골짜기나 강물을 만나면 줄다리를 만들어 길을 연결했다.

풀을 엮어 만든 다리 줄다리의 재료는 엮으면 매우 질기고 튼튼한 '이추'라는 풀이었다.

매년 새로 만드는 줄 매년 새로 줄을 꼬아 다리를 튼튼하고 안전하게 유지했다.

도움말 주신 전문가: 하비에르 우르시드 **함께 보아요:** 올메과 마야, 6권 26~27쪽; 신항로 개척, 7권 12~13쪽; 새로운 제국, 7권 18~19쪽; 혁명의 시대, 7권 24~25쪽; 세계의 나라, 7권 48~49쪽

매우 커다란 돌
두께는 약 1미터, 지름은 거의 3.6미터나 된다.

태양신 토나티우
하늘의 주인인 태양신 토나티우가 한가운데 자리 잡고 있다.

과거의 태양신
사각형 4개가 토나티우를 둘러싸고 있다. 아즈텍 사람들은 과거에 태양이 4번 존재했고, 토나티우는 5번째 태양이라고 믿었다.

밤하늘
테두리는 밤하늘의 별을 상징하는 것으로 알려졌다.

주기
안쪽의 원은 20일을 보여주는데 날마다 이름이 있다. 태양력과 종교력 모두 20일을 주기로 하고 있다.

반대편
왼쪽에는 불의 신인 시우테쿠틀리, 오른쪽에는 바람의 신인 케찰코아틀이 있다. 이 두 신은 밤과 낮의 절박한 투쟁을 상징한다.

불의 뱀
이 고리는 아즈텍 신화에 나오는 불의 뱀인 시우코아틀과 시우코아틀이 내뿜는 강렬한 불꽃을 묘사한다.

돌로 만든 아즈텍 달력

1790년 고고학자들이 멕시코시티에서 땅속에 묻혀 있던 '태양의 돌'을 발견했다. '태양의 돌'은 아즈텍 사람들이 우주의 원리를 정리해서 만든 것으로, 365일 주기의 태양력 1년과 260일 주기의 종교력 1년으로 구성된 매우 복잡한 달력이었다. '태양의 돌'은 원래 여러 색깔로 칠해져 있었다.

신항로 개척

1400~1700년 무렵을 보통 '신항로 개척 시대'라고 부른다. 물론 탐험에 대한 욕망이 이때 처음으로 생겨난 것은 아니었다. 사람들은 그 이전부터 몇 세기 동안 새로운 세계를 찾아 아주 멀리까지 배를 타고 탐험을 했기 때문이다. 그러나 '신항로 개척 시대'에 이르러서야 역사적으로 중요한 항해가 여러 차례 이루어졌다. 낯선 곳에 대한 호기심은 계속 이어져서 18세기와 19세기까지도 탐험 여행이 활발하게 이루어졌다.

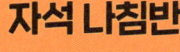

자석 나침반

11세기 들어 중국의 탐험가들은 이미 자석 나침반을 사용하고 있었다. 나침반에는 자석으로 된 바늘이 들어있어서 지구의 자기장에 반응하여 북극을 가리켰다. 이전까지 별의 위치와 바람을 살펴서 배의 방향을 잡았던 탐험가들에게 나침반은 매우 쓸모 있는 항해 도구가 되었다.

정화 제독의 항해

1405년 중국의 정화 제독이 황제 영락제의 명을 받아 함대를 이끌고 항해에 나섰다. 정화 제독이 이끄는 대규모의 함대는 수십 척의 배로 이루어졌고, 수천 명에 이르는 선원들이 타고 있었다. 가장 큰 배의 길이는 100미터가 넘었고, 다른 나라와 교역을 할 중국의 귀한 물품과 대포가 실려 있었다. 1433년까지 일곱 번의 항해를 통해 정화 제독의 함대는 인도양과 아라비아 반도를 거쳐 지금의 아프리카 케냐 지역까지 도달했다. 정화 제독의 항해는 아시아 남부와 서부의 여러 나라에 중국의 영향력을 전파했고, 새로운 교역의 기회를 만들었다.

- 첫 번째 항해(1405~1407년)
- 두 번째 항해(1408~1409년)
- 세 번째 항해(1409~1411년)
- 네 번째 항해(1413~1415년)
- 다섯 번째 항해(1417~1419년)
- 여섯 번째 항해(1421~1422년)
- 일곱 번째 항해(1431~1433년)

도움말 주신 전문가: 로렌조 베라치니 **함께 보아요:** 아즈텍 문명과 잉카 문명, 7권 10~11쪽; 새로운 제국, 7권 18~19쪽; 북아메리카의 유럽 사람들, 7권 20~21쪽; 아메리카 대륙의 노예 제도, 7권 22~23쪽; 혁명의 시대, 7권 24~25쪽; 식민지의 독립, 7권 42~43쪽

사실은!

1519년에 페르디난드 마젤란과 함께 세계 일주 항해에 나섰던 250명 가운데 겨우 18명만 살아서 돌아왔다. 나머지 선원은 항해 중에 사망했다. 포르투갈의 탐험가 마젤란은 1519년에 배 5척을 이끌고 스페인에서 출발하여 아메리카 대륙을 남쪽으로 돌아 태평양을 건넜다. 항해 중에 4척을 잃고 1522년 겨우 한 척이 스페인으로 돌아왔지만, 마젤란은 그 배에 타고 있지 않았다. 1521년 필리핀의 원주민과 싸우다가 사망했기 때문이었다.

밝혀지지 않은 이야기

프랭클린 원정대는 자신들이 준비했던 식량 때문에 불행한 최후를 맞은 것일까?

1845년 5월 19일, 영국 존 프랭클린 제독이 이끄는 원정대 128명이 북극을 탐험하기 위해 떠났다. 무겁고 튼튼한 전함을 탐험선으로 개조한 에레버스함과 테러함에 나누어 탄 프랭클린 원정대는 1845년 7월 지금의 캐나다 누나부트에 있던 배핀섬 북부에서 마지막으로 목격되었고, 배 두 척이 모두 실종되어 150년이 넘도록 발견되지 않았다. 조사 결과 원정대는 식품 통조림을 밀봉할 때 사용한 납에 중독되었던 것으로 짐작되었다. 흐르는 빙하에 배가 갇혀 움직이지 못하는 상황에서, 정신과 육체를 쇠약하게 만든 납 중독으로 서서히 죽어갔을 것이다.

신항로 개척의 역사

1417~1419년 중국의 정화 제독이 동아프리카에 도착했다.

1492년 이탈리아의 크리스토퍼 콜럼버스 제독이 카리브해에 상륙했다.

1497년 이탈리아의 탐험가이자 항해사인 지오반니 카보토가 북아메리카 대륙의 동해안에 상륙했다.

1498년 포르투갈의 탐험가 바스쿠 다 가마가 유럽 사람 최초로 배를 타고 인도에 도착했다.

1500년 포르투갈의 탐험가 페드로 알바레스 카브랄이 유럽에서 브라질까지 항해했다.

1519년 스페인의 탐험가 에르난 코르테스가 멕시코에 도착했다.

1606년 네덜란드의 탐험가 빌렘 얀준이 유럽 사람으로서는 처음으로 오스트레일리아에 상륙했다.

1642년 네덜란드의 탐험가 아벌 타스만이 유럽 사람으로서는 처음으로 뉴질랜드에 도착했다.

전문가의 한마디!

로렌조 베라치니
역사학자

베라치니 박사는 신항로 개척과 식민지의 역사를 연구한다. 교역·외교·정착을 하기 위해, 그리고 명성과 재물을 얻기 위해 세계를 어떻게 탐험했는지 자세히 연구하는 것이 중요하다고 생각한다.

" 어떤 과거들이 어떻게 쌓여 현재가 되었는지 알아내는 것이 정말 재미있어요. "

무굴 제국

1526년 바부르 황제가 지금의 인도에 세운 무굴 제국은 17세기 무렵 세계에서 가장 융성한 나라로 발전했다. 이슬람교 신자인 무굴 제국의 통치자들은 전통적인 인도 문화와 이슬람 문화를 효율적으로 결합하여 2세기 동안 인도를 잘 통치했다. 활발한 국제 무역을 바탕으로 번성한 무굴 제국의 명성은 멀리 유럽까지 알려졌다. 하지만 18세기에 들어 크고 작은 반란으로 쇠락의 길을 밟았다. 19세기 초 인도는 영국의 식민지가 되었다.

코이누르

'빛의 산'이라는 뜻의 코이누르 다이아몬드가 널리 알려진 것은 무굴 제국 시대에 들어서였다. 무굴 제국의 황금 시대를 통치했던 샤 자한 황제를 위해 특별하게 제작된 왕좌는 황금과 진주, 다이아몬드, 에메랄드로 꾸며졌고, 위쪽에 공작 2마리가 사파이어로 장식되어 '공작 왕좌'라고 불렸는데, 코이누르 다이아몬드가 가장 화려하게 빛나고 있었다. 코이누르 다이아몬드는 인도가 영국의 식민지였던 시절 영국 빅토리아 여왕의 소유가 되었고, 오늘날에는 영국에 남아 있다.

타지마할

인도 우타르프라데시 주 아그라의 야무나강 강가에 있는 타지마할은 무굴 제국 최고의 아름다움을 보여주는 건축물이다. 가장 사랑했던 왕비 뭄타즈 마할이 1631년에 죽은 후 샤 자한 황제의 지시로 지은 무덤으로, 샤 자한 황제도 왕비 옆에 묻혀 있다. 완벽한 대칭의 아름다움으로 유명한 타지마할은 짓는 데 22년이 걸렸다.

- 반구형 지붕의 청동 첨탑 끝에는 세계 지배를 상징하는 초승달이 장식되어 있다.
- 좁고 높은 탑이 타지마할을 둘러싸고 있다. 이 탑들은 터키의 모스크 건축 양식을 본떠서 만든 것이다.
- 건축에 수학 공식을 활용하여 완벽한 균형미를 보여준다.
- 이슬람의 디자인은 보통 자연을 주제로 한다. 꽃은 천국의 정원을 나타낸다.
- 타지마할을 뒤덮고 있는 순백색의 대리석은 순수함을 상징한다.
- 이슬람 정원의 기본적인 양식인 '차르 바그'에 따라 4구역으로 나뉜 정원에 있는 물은 야무나강에서 바로 들어온다.

도움말 주신 전문가: 테이미야 자만 **함께 보아요**: 종교, 5권 22~23쪽; 식민지의 독립, 7권 42~43쪽

사실은!

1556~1605년에 통치했던 무굴 제국의 아크바르 대제에게는 코끼리가 101마리 있었다. 코끼리는 거의 아크바르 대제의 군대에 속해 있었다. 무굴의 병사들은 무장한 코끼리를 타고 전투에 나섰다. 전쟁터에서 이 거대한 코끼리 군단과 마주한 적들은 코끼리 발밑에 깔릴 각오를 해야 했다.

무굴 제국의 여성들

무굴 제국의 여성들은 원정을 떠나는 군대와 함께 가서 아름다운 조형물을 만들고 교역과 자선 사업에 이바지했다. 여성들은 대부분 예술에 흥미가 있어, 바부르 황제의 딸 굴바단 베굼은 무굴 제국의 가장 초기 역사에 대한 글을 남겼다. 아우랑제브 황제의 딸 제브 운 니사는 시인이었다. 자한기르 황제의 황후였던 누르 자한은 '이티마두다울라'라고 불리던 아버지를 위해 흰 대리석으로 무덤을 지었다.

세상을 바꾼 인물

아크바르 대제
무굴 제국의 황제, 1556~1605년 통치

아크바르 대제는 무굴 제국의 세 번째 황제였다. 아크바르 대제 때에 이르러 무굴 제국의 영토가 지금 인도의 대부분을 차지했다. 아크바르 대제 치하에서는 종교와 출신을 가리지 않고 능력 있는 사람들이 높은 자리에 올랐다. 아크바르 대제는 특히 예술에 관심이 높았던 것으로 알려져 있다.

" 군주는 늘 정복에 전념해야 한다. 그러지 않으면 이웃 나라가 무장을 하고 쳐들어올 것이다. "

- 바부르 황제가 주황색 옷을 입은 아크바르와 궁전 정원에서 대화를 나누고 있다.
- 많은 책에 세밀화로 그린 삽화가 들어갔다.
- 화가들은 세밀한 붓놀림으로 작은 화폭에 복잡한 무늬를 그려 넣었다.
- 자연과 동물들은 무굴 제국 미술에 흔히 등장했다.

무굴 제국의 미술

궁정의 모습, 역사, 문학을 묘사한 무굴 제국의 미술 작품은 보통 세밀화로 그려졌다. 궁정 화가들은 그림을 세 단계로 나누어 그렸다. 첫 단계의 화가는 주제와 구도를 정하고, 두 번째 단계의 화가는 배경과 인물의 옷을 그렸으며, 세 번째 단계의 화가는 인물의 얼굴과 표정을 그렸다. 바부르 황제의 역사를 그린 책에서 이런 그림 양식의 특징이 잘 나타나 있다.

일본의 평화 시대

1603~1867년에는 '쇼군'이라고 하는 무사 출신의 통치자들이 일본을 다스렸다. '쇼군'은 우리말의 '장군'을 일본어로 부르는 말이어서 전쟁을 떠올리게 하지만, 이 무렵의 쇼군은 일본을 평화로운 나라로 만드는 데 열중했다. 수도를 지금의 도쿄인 에도에 두어서, 이 시기를 '에도 시대'라고 한다. 에도 시대의 일본은 중국·조선·네덜란드와 오늘날의 오키나와인 류큐 왕국 외의 다른 나라와는 교류하지 않는 '쇄국 정책'을 펼쳤다. 에도는 큰 도시로 발전했고, 상업 도시 오사카와 고대 도시 교토도 이때 크게 성장했다.

쇼군 사회의 계급

일본에는 천황 아래 엄격한 사회 계급 제도가 있었다. 쇼군은 정부의 실질적인 권력을 갖고 있었고, 쇼군 아래 5계급이 있었다. '다이묘'라고 하는 영주, '사무라이'라고 하는 무사, 농민, 장인, 그리고 상인이었다. 각 신분에 속한 사람은 다른 신분으로 이동할 수 없었다.

다도

일본에서 차를 달여 마시는 방식을 말하는 '다도'는 에도 시대 이전부터 시작되었지만, 에도 시대에 이르러 평민들 사이에서도 다도가 유행하게 되었다. 정식 다도 예법은 음식과 술도 포함하여 4시간까지도 걸리는 행사였으며 세부적인 절차와 도구가 있었으며, 친구나 가족들과 함께 바쁜 일상에서 벗어날 수 있는 시간이었다.

쇼군 — 장군이었지만, 정부의 모든 결정을 내리는 실질적인 통치자였다.

천황 — 명목상으로는 가장 높은 지위지만 실질적인 권력은 없었다.

다이묘 — 특정 지역을 감독하고 통치하는 영주였다.

사무라이 — 다이묘 아래의 무사로, 정부의 관리로도 일했다.

농민 — 다이묘의 땅에서 농사를 지었고, 지은 농작물로 세금을 냈다.

장인 — 생활에 필요한 옷과 여러 도구를 만들었고, 무기를 만들어 사무라이에게 공급했다.

상인 — 상업 활동으로 보통 재산이 많았지만, 사회적으로는 가장 낮은 계급이었다.

도움말 주신 전문가: 히라노 카츠야 **함께 보아요:** 다양한 예술, 5권 32~33쪽; 제2차 세계 대전, 7권 38~39쪽; 세계의 나라, 7권 48~49쪽

서양을 향해 난 창문

에도 시대의 일본 사람들은 쇄국 정책 때문에 나라를 떠날 수 없었고, 이미 일본을 떠나 다른 곳에 살고 있던 사람들은 일본으로 다시 돌아갈 수 없었다. 일본은 1639년부터는 네덜란드를 제외하고는 유럽의 다른 나라들과 교역을 하지 않았다. 1641년 나가사키에 네덜란드를 위한 무역항을 설치했는데, 1854년까지 서양과 교역할 수 있는 유일한 항구였다. 사람들은 나가사키를 '서양을 향해 난 창문'이라고 불렀다. 향신료, 직물, 비단, 도자기와 같은 상품들이 무역을 통해 거래되었다.

사실은!

인구의 7퍼센트나 되는 사람들이 사무라이였다. 사무라이들은 무사가 되는 법뿐 아니라 수학과 서예를 배우고 시도 썼다. '온나 부게이샤'라는 여성 사무라이는 남성 사무라이와 똑같은 무술 훈련을 받았지만, 특별히 '체도'라고 하는 무기를 훈련했다. 체도는 긴 자루에 휘어진 칼날이 달린 것으로, 여성의 신체 조건에 적합한 무기였다.

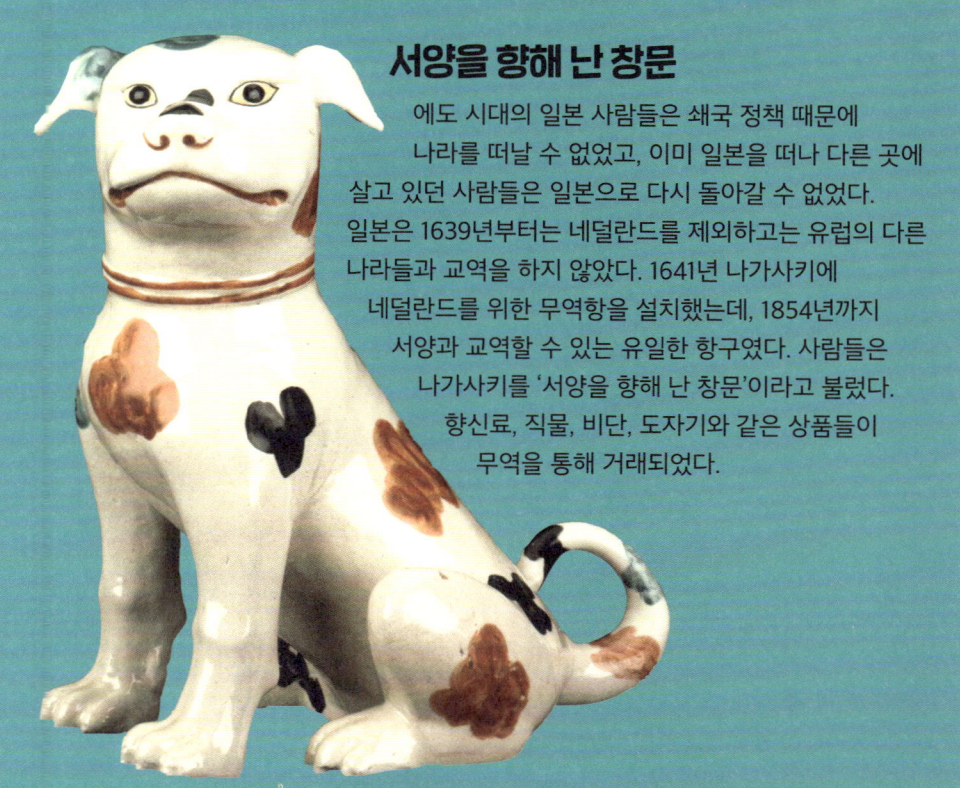

유행의 창조

가부키는 일본의 전통 공연 예술인데, 배우들이 진하고 화려한 분장으로 맡은 등장인물의 특징을 표현한다. 에도 시대에는 유명한 가부키 배우들의 초상화가 인기를 끌어서 '우키요에'라고 하는 목판화에 자주 등장했다. 우키요에에 등장한 배우들의 복장이 사람들 사이에서 크게 유행하기도 했는데, 단화로 수천 장씩 찍어낸 우키요에가 저렴한 가격으로 많이 팔렸기 때문이다.

전문가의 한마디!

히라노 카츠야
역사학자

히라노 카츠야는 귀신이 있다고 믿었던 일본 에도 시대의 생활에 대해 연구하는 것을 매우 즐거워한다. 전기가 없었던 에도 시대에는 불을 밝힐 초가 매우 비쌌다. 밤이 되면 어둠이 상상력에 불을 붙였다.

❝ 에도 시대 사람들은 귀신이나 혼령을 만날 가능성이 제일 큰 시간은 새벽 2시에서 2시 30분 사이라고 믿었답니다! ❞

새로운 제국

1494년, 스페인과 포르투갈은 세상을 두 지역으로 나누는 토르데시야스 조약을 맺었다. 두 나라의 탐험가들이 발견한 아시아와 아메리카의 여러 지역을 공평하게 나누어 갖기 위한 조약이었다. 스페인과 포르투갈의 식민지 개척자들은 아메리카 대륙에 이미 오랫동안 이어져 내려온 여러 문명을 침략했다. 아메리카 대륙에는 금과 은이 풍부하고 노예로 삼을 원주민도 있었기 때문이었다. 유럽 사람들은 자신들의 종교인 그리스도교를 원주민들에게 전해야 하는 책임도 있다고 믿었다.

정복자들

아메리카 대륙을 정복한 스페인 사람들을 '정복자'라고 부른다. 정복자들은 막대한 이익을 안겨줄 값진 자원을 유럽으로 가지고 갔다. 원주민들에게는 그리스도교로 개종하라고 강요했고, 원주민들이 믿고 있던 종교의 상징물을 무수하게 파괴했다.

남아 있는 미술품
금으로 만든 이 아즈텍 전사 상은 1345년에서 1575년 사이에 만들어진 것이다.

무기
아즈텍 전사가 '아틀라틀'이라고 불리는 투창과 투창기, 방패를 들고 있다.

사실은!

스페인의 8레알 은화는 세계 최초의 국제 통화였다.
스페인은 남아메리카 대륙의 식민지였던 지금의 볼리비아 포토시에서 은화를 대량으로 발행했다. 1497년 처음으로 발행한 지 25년이 채 지나지 않아 스페인의 8레알 은화는 아시아·유럽·아프리카·아메리카 대륙에서 널리 쓰였고, 이후 300년 동안 지금의 미국 달러처럼 국제 무역에서 가장 중요한 화폐로 사용되었다.

황금에 사로잡히다

아메리카 원정 초기의 유럽 사람들은 황금에 대한 탐욕에 사로잡혀 있었다. 아즈텍 제국의 목테수마 2세 황제는 정복을 위해 상륙한 스페인의 에르난 코르테스에게 사절단을 보내 황금과 은을 선물했다. 스페인이 자신의 제국을 점령하지 않기를 바랐던 것이다. 그러나 코르테스는 아즈텍 제국의 수도 테노치티틀란까지 진군해 목테수마 2세 황제를 감금했고, 포로가 된 황제는 곧 목숨을 잃었다.

치명적인 질병

스페인 정복자들은 유럽의 질병도 아메리카 대륙에 옮겨왔다. 천연두와 홍역이었다. 면역력이 없어 이런 질병에 무방비 상태였던 많은 원주민들이 사망했다. 역사학자들은 천연두로 사망한 사람만 해도 원주민 인구의 3분의 1이 넘었을 것이라고 추정한다.

도움말 주신 전문가: 이본느 델 바예 **함께 보아요:** 종교, 5권 22~23쪽; 아즈텍 문명과 잉카 문명, 7권 10~11쪽; 신항로 개척, 7권 12~13쪽; 식민지의 독립, 7권 42~43쪽

스페인의 선교원

스페인과 포르투갈의 식민지 개척자들은 자신들이 '신세계'라고 부르는 아메리카 대륙을 식민지로 삼은 이유는 그리스도교 신앙을 전하기 위해서라고 주장했다. 스페인과 포르투갈은 선교를 위해 성당과 교회를 지었고, 스페인은 원주민을 위한 선교원을 세웠다. 선교원을 중심으로 원주민들의 마을과 요새를 지어 스페인의 종교와 문화에 적응하도록 강요했던 것이다. 지금의 미국 캘리포니아주에 세워진 선교원만 해도 21곳이나 되었다. 스페인 사람들은 선교원을 서로 이어주는 길도 건설했는데, '왕의 길'라는 뜻의 '엘 카미노 레알'이라고 불렸으며, 965킬로미터나 되었다.

캘리포니아에 있는 산 후안 카피스트라노 선교원을 그린 그림이다. 1776년에 스페인의 프란체스코회 선교사들이 지었다.

몇 킬로미터에 걸쳐 펼쳐진 전원 지역에 밭과 과수원, 초원이 있어 거주민들이 농사를 짓고 가축을 기를 수가 있었다.

원주민들은 그리스도교로 개종하고 성당의 가톨릭 미사에 참여하라고 강요받았다.

전형적인 선교원에는 울타리를 친 사각형의 땅이 있는 것이 특징이었다.

신성한 공동묘지는 선교원에 살았던 원주민들의 마지막 안식처가 되었다.

선교원 건물은 보통 진흙으로 만든 벽돌로 벽을 쌓고, 회반죽을 발랐다. 지붕의 무게를 감당할 수 있도록 벽을 아주 두껍게 쌓았다.

선교원에는 수녀원, 기숙사, 작업장, 저장고가 있었다.

세상을 바꾼 인물

아메리고 베스푸치
이탈리아의 탐험가, 1454~1512년

콜럼버스가 발견한 아메리카 대륙을 유럽 사람들은 아시아 대륙의 일부라고 생각했다. 다른 대륙이라고 처음으로 주장한 사람은 이탈리아의 탐험가 아메리고 베스푸치였다. 베스푸치의 주장이 사실로 밝혀지자, 유럽 사람들은 아메리고 베스푸치의 이름을 붙여서 대륙의 이름을 '아메리카'라고 지었다.

" 이 새로운 지역…, 우리는 이 신세계를 올바른 이름으로 불러야 할 것이다. "

북아메리카의 유럽 사람들

1600년대 초, 유럽 사람들은 대서양을 건너 북아메리카 대륙에서 새로운 생활을 시작했다. 개척민들은 주로 영국과 프랑스 사람들이었다. 새로운 기회를 얻으려는 사람들도 있었고, 살고 있던 나라에서 종교의 자유를 허락하지 않아 떠나온 사람들도 있었다. 영국 사람들은 처음에는 지금의 미국 버지니아주 지역에 정착했고 다음에는 매사추세츠주로 갔다. 프랑스 사람들은 처음에는 오늘날의 미국과 캐나다의 국경 지역인 아카디아에 정착했다.

초기의 개척민

메이플라워호는 1620년 9월에 잉글랜드를 떠나 66일간의 항해 끝에 지금 미국 매사추세츠주의 플리머스에 상륙했다. 승객 중에는 종교의 자유를 찾아 떠나온 청교도들도 있었다. 오늘날 플리머스의 필그림 메모리얼 주립 공원에는 메이플라워호를 그대로 복제한 배가 전시되어 있다.

문화 충돌

유럽 사람들은 원주민들이 살던 땅을 개척했다. 원주민들 가운데 일부는 새로 온 낯선 사람들을 반갑게 맞았는데, 다른 원주민 집단과 싸울 때 도움이 될 것이라고 여겼기 때문이었다. 유럽 사람들을 경계하는 원주민들도 있었다. 시간이 지나면서 유럽 사람들과 원주민 사이의 갈등이 아메리카 대륙 전체로 번졌고, 거의 모든 지역에서 폭력적인 상황으로 발전했다.

망루
배의 가장 높은 위치에서 망을 보던 곳.

상갑판
배의 맨 위에 있는 갑판으로 선원들이 일하고, 배를 돌보는 곳.

주갑판
상갑판 아래층에 있는 갑판. 역사학자들은 승객 대부분이 이곳에서 잤을 것이라고 생각한다.

화물칸
식량, 도구, 저장 물품을 두는 공간. 이곳에서 자는 승객들도 있었을 것이다.

도움말 주신 전문가: 제프 월렌펠트 **함께 보아요:** 종교, 5권 22~23쪽; 신항로 개척, 7권 12~13쪽; 새로운 제국, 7권 18~19쪽; 아메리카 대륙의 노예 제도, 7권 22~23쪽; 혁명의 시대, 7권 24~25쪽

진짜 포카혼타스

포카혼타스의 원래 이름은 마토아카였는데, 지금의 미국 버지니아 지역에 살았던 막강한 원주민 부족장의 딸이었다. 스무 살이 되기 전인 1613년 영국 개척민과 원주민 사이의 갈등 상황에서 협상을 위한 인질로 영국 사람들에게 사로잡혔다가 영어를 배우고 그리스도교 신자가 되었다. 인질에서 풀려나 자유를 얻은 포카혼타스는 담배 농장 주인이었던 영국 출신 존 롤프와 결혼했다. 역사학자들은 인질이었던 포카혼타스가 아마도 강요에 의해 그리스도교를 받아들였을 것으로 추정하고 있다.

교역의 발달

유럽 사람들과 원주민들은 땅과 천연자원을 두고 갈등을 빚었지만 서로 교역을 하기도 했다. 지금의 미국과 캐나다 지역에 걸쳐서 살던 웬다트족, 알곤킨족은 프랑스 사람들에게 모피를 주고 금속 제품이나 직물을 받아 선물로 사용했다. 유럽 사람들도 원주민과의 교역을 통해 호저의 가시털로 만든 상자 같은 전통 공예품을 얻었다.

영토 분쟁

유럽의 오스트리아·프랑스·스웨덴이 동맹을 맺고 영국과 지금의 독일인 프로이센에 맞서 7년 동안 싸우는 동안, 북아메리카 대륙에서도 영국과 프랑스의 군대와 개척민들이 땅을 서로 차지하기 위해 싸웠다. 1754~1763년에 벌어진 두 나라 사이의 전쟁을 영국 사람들은 프랑스 사람들과 원주민이 연합해서 싸웠다는 뜻의 '프렌치 인디언 전쟁'이라고 부른다. 영국과 프랑스는 각각 원주민들의 영토 소유권을 유지해주겠다고 약속하면서 원주민들의 도움을 받았다. 전쟁은 프랑스가 지금의 캐나다 지역 개척지와 다른 영토를 영국에 내주는 것으로 끝났고, 원주민과 맺었던 약속은 지켜지지 않았다.

사실은!

무시무시한 해적 '검은 수염'은 머리카락에 불붙은 화승을 꽂고 있었다는 전설이 있다. 배의 대포에 불을 붙이는 데 쓰던, 천천히 타는 노끈인 '화승'을 모자 아래에 둘러서, 얼굴 주변에서 불꽃과 연기를 내뿜게 하여 많은 사람들을 공포에 떨게 만들었다고 한다! '검은 수염'을 포함한 수많은 해적들은 지금의 미국 동부 지역인 버지니아주와 노스캐롤라이나주에서 남쪽으로는 카리브해까지 이르는 바다에서 아메리카 대륙과 유럽을 오가는 영국과 프랑스의 배들을 공격해 실려 있던 교역품들을 약탈했다.

아메리카 대륙의 노예 제도

노예 제도는 이미 오래전부터 있었지만, 이 무렵 유럽 사람들은 노예로 삼기 위해 본격적으로 서아프리카 사람을 사들이거나 납치하여 아메리카 대륙으로 실어나르기 시작했다. 아프리카 사람들을 사고파는 노예 무역이 활발하게 이루어졌고, 아메리카 대륙에서 노예들의 노동으로 기르고, 채굴하고, 만들어 낸 제품들이 유럽과 유럽 여러 나라의 식민지로 팔려나갔다. 가장 힘들게 일하는 사람들이 가장 나쁜 대우를 받는 착취의 세계가 대서양 연안에 펼쳐졌다.

왜 이런 일이 일어났을까?

노예 무역은 아메리카 대륙의 수많은 원주민이 강제 노동과 유럽 사람들이 옮긴 전염병 때문에 사망하자, 노동력을 보충하기 위해서 생각해낸 방법이었다. 상인들은 아프리카 사람 1250만 명을 싣고 대서양을 가로질렀다. 아프리카에서 온 노예들은 물건처럼 사고팔 수 있는 재산으로 여겨졌으며 아무런 권리도 주어지지 않았다. 노예들은 맞으면서 죽도록 일을 해야만 했다.

목화와 담배가 북아메리카에서 유럽 서부로 수출되었다.

식료품과 소, 말과 같은 동물들은 북아메리카에서 카리브해 지역으로 수출되었다.

북아메리카 — 영국 식민지

럼주와 같이 노예가 생산한 카리브해 제품들은 유럽 서부로 수출되었다.

포르투갈 **유럽** **영국**

총, 금속 제품, 옷감, 포도주가 유럽에서 아프리카의 교역지로 수출되었다.

카리브해

카리브해 지역에서는 설탕과 당밀이 북아메리카로 수출되었다.

남아메리카 — 브라질

아프리카 — 서아프리카, 서중앙아프리카, 남동부 아프리카

대서양

노예로 삼기 위한 사람들은 포르투갈의 식민지였던 브라질이 가장 많이 수입했다. 상인들은 거의 600만 명이나 되는 아프리카 사람들을 노예로 부리기 위해 브라질로 보냈다.

■ 상품
■ 아프리카 사람들

중간 항로

아프리카에서 사로잡힌 사람들을 태운 배는 '중간 항로'라고 하는 바닷길로 대서양을 건넜다. 길게는 90일까지 걸렸던 항해 중에 150만 명에 가까운 사람들이 굶주림과 질병으로 사망했다. 농장에서의 생활도 별로 다를 바가 없었다. 해가 뜰 때부터 질 때까지 일주일에 6일 동안 들판에서 일했다. 노예들이 먹었던 음식은 양도 적었고 영양가도 형편없었다.

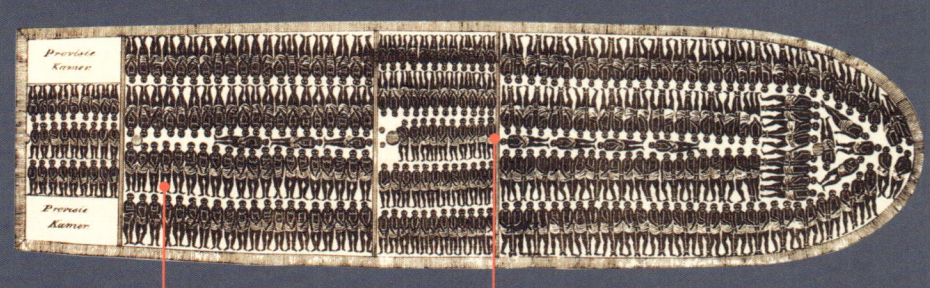

배 한 척에 600명까지 빽빽이 실었다.

항해를 하는 동안 선원들을 공격하지 못하도록 남자 포로들을 쇠사슬로 서로 묶어 놓았다.

도움말 주신 전문가: 조지프 이니코리 함께 보아요: 신항로 개척, 7권 12~13쪽; 새로운 제국, 7권 18~19쪽; 북아메리카의 유럽 사람들, 7권 20~21쪽; 혁명의 시대, 7권 24~25쪽; 식민지의 독립, 7권 42~43쪽; 민권, 7권 44~45쪽

사실은!

헨리 브라운은 나무 상자 속에 숨어서 노예 생활에서 탈출했다. 1849년, 버지니아 주의 담배 농장에서 일하던 헨리 브라운은 노예 생활에서 탈출하기 위해 펜실베이니아로 배송되는 우체국 화물 상자 안에 숨었다. 상자의 크기는 고작 길이 90, 폭 76, 높이 60센티미터였다. 노예 구출 조직이었던 '지하 철도' 회원들이 헨리 브라운의 탈출을 도왔다. 노예 제도를 반대하는 백인과 흑인으로 구성된 이 조직은 탈출을 위한 비밀 경로와 안전하게 숨을 곳을 제공해 주었다. 지하 철도의 도움으로 헨리 브라운을 포함, 3만~10만 명에 이르는 노예들이 노예를 인정하지 않던 다른 미국의 다른 주나 캐나다로 탈출했다.

대서양 노예 무역의 역사

1502년 스페인의 무역상 후안 데 코르도바가 최초로 사로잡은 아프리카 사람들을 아메리카 대륙으로 보냈다.

1619년 지금의 미국 버지니아 제임스타운에 처음으로 아프리카 사람들이 노예로 도착했다.

1804년 아이티 혁명으로 프랑스의 식민지 지배와 노예 제도가 아이티섬에서 끝났다.

1807년 영국 의회에서 <노예 무역 폐지법>이 통과되어 영국에서 노예 무역은 불법이 되었다.

1808년 미국에서 노예 제도는 계속 유지되었지만 아프리카 사람들의 수입이 금지되었다.

1863년 에이브러햄 링컨 대통령의 노예 해방 선언으로 미국 노예 제도 폐지의 첫걸음을 내딛었다.

1888년 브라질에서 노예 제도가 폐지되었다.

노예 제도 폐지와 미국의 남북 전쟁

'노예 해방론자'는 노예 제도를 없애려고 노력하는 사람들을 말한다. 미국이 독립을 선언한 1776년에서 100년이 지나기 전에 강력한 노예 해방 운동이 미국 북부의 여러 주에서 일어났다. 북부는 남부보다는 노예의 노동력에 크게 의존하지 않아도 되는 지역이었다. 갈등 끝에 남부의 여러 주가 미국에서 탈퇴하여 노예 제도를 법적으로 유지할 수 있는 나라를 새로 세워 독립하려고 했다. 나라가 나누어지는 것을 막기 위한 북부와 남부의 전쟁이 벌어졌고, 4년이 넘는 전쟁 끝에 북부가 승리했다. 결국 노예 제도는 폐지되었지만, 모든 사람들이 온전히 평등한 대우를 받도록 하기 위해서 많은 사람들이 오늘날까지 계속 노력해왔다.

전문가의 한마디!

조지프 이니코리
역사학자

조지프 이니코리는 노예 제도가 현대 사회에 끼친 영향이 매우 크다고 생각한다. 특히 아메리카 대륙에서 아프리카 사람들을 노예로 만들었던 일을 깊이 살펴보면 더욱 그렇다. 어느 사회에서든 노예 제도는 있어서는 안 될 나쁜 제도라는 점에 모두가 동의할 것이다.

"역사학자들은 역사의 쟁점에 관한 연구에 자신의 생각이 영향을 끼치지 않게 하려고 굉장히 노력해요."

혁명의 시대

18세기 후반, 자유와 평등, 인권을 추구하는 사상이 널리 퍼지면서 여러 나라의 시민이 봉건적인 통치자에게 반기를 들게 되었다. 시민 혁명의 흐름은 전 세계로 퍼졌으며, 유럽에서는 영국·프랑스·독일·이탈리아와 같은 여러 나라에서 크고 작은 혁명이 일어난 1848년을 '혁명의 해'라고 부르게 되었다.

미국 독립 혁명

1763년 프렌치 인디언 전쟁이 끝난 뒤, 북아메리카 대륙 동부에는 자치적으로 운영되는 영국의 식민지가 13곳으로 늘었다. 영국은 프렌치 인디언 전쟁에서 영국의 개척민들을 지켜주었다는 이유로 높은 세금을 내도록 했다.
영국의 무리한 요구에 항의하기 위해 모인 식민지 13곳의 대표들이 자신들만의 의회를 만들었고, 몇 달 동안의 토론 끝에 식민지가 연합하여 독립된 국가를 세우기로 결정했다. 이 결정에 모든 시민이 동의한 것은 아니었다.
독립을 막기 위한 영국과 전쟁이 벌어졌고, 식민지의 몇몇 군대들은 영국 편에 서기도 했다. 그림은 독립 전쟁 가운데 프린스턴 전투를 묘사한 것이다. 혁명을 일으킨 식민지의 혁명군이 승리하여 북아메리카의 영국 식민지는 새로운 나라 미국으로 독립했다.

보스턴 차 사건

독립 전쟁이 일어나기 전, 영국은 북아메리카에 있는 식민지에서 세금을 거둘 수 있는 권리를 주장하면서 북아메리카에서 수입하는 차에 세금을 내도록 했다. 1773년 12월 16일, 일방적으로 세금을 내라는 데에 반발한 매사추세츠 식민지 사람들이 원주민으로 위장하고 보스턴 항구에 도착한 영국 배 3척에 올라가 차가 들어있는 상자 342개를 바다로 던져 버렸다. 영국이 벌금을 부과하자 더 많은 식민지 사람들이 영국에 등을 돌리게 되었다.

- 병사들은 총검을 장착한 머스킷 총을 썼는데, 발사 속도가 느리고 다루기가 거추장스러웠다.
- 혁명군 장군인 조지 워싱턴은 새로 독립한 미국의 초대 대통령이 되었다.
- 영국군의 깃발에는 보통 '유니언 잭' 문양이 사용되었다.
- 영국군은 붉은색의 군복을 입었기 때문에 '붉은 제복'이라고 불리게 되었다.
- 병사들은 신호를 보내거나 전투 중에 부상으로 위생병을 부를 때 북을 쳤다.

도움말 주신 전문가: 신디 어머스 함께 보아요: 신항로 개척, 7권 12~13쪽; 북아메리카의 유럽 사람들, 7권 20~21쪽; 아메리카 대륙의 노예 제도, 7권 22~23쪽; 식민지의 독립, 7권 42~43쪽; 민권, 7권 44~45쪽

계몽주의 사상

18세기 후반과 19세기에 걸쳐 유럽과 아메리카 대륙을 휩쓴 여러 혁명에 불을 지핀 것은 계몽주의 사상이었다. 계몽주의 사상이 널리 퍼지면서 봍 위에 있는 정치 지도자가 나라의 모든 사람을 다스리는 것이 올바른 일인지 다시 생각해보게 되었다.

개인주의
모든 사람은 특별한 존재이며 자신을 스스로 책임질 수 있다는 믿음

합리주의
믿음이나 감성보다 이성과 논리로 사물을 바라보거나 판단하는 것이 좋다는 생각

평등주의
모든 사람은 평등하며 똑같은 권리를 가져야 한다는 믿음

세속주의
사상이나 관습, 정치를 종교와 분리하는 것이 좋다는 생각

민주주의
나라에 속한 모든 사람에게 나라를 움직일 수 있는 권리가 있다는 생각

프랑스 혁명

1789년, 프랑스 사람들은 왕과 귀족, 성직자가 모든 권력을 휘두르는 군주제에 반발하기 시작했다. 상업과 공업이 발달하면서 새로 등장한 자본가들은 권력을 나누어 갖기를 원했고, 사상가들은 모든 사람은 평등하다고 생각했으며, 농민들은 무거운 세금에 화가 났다. 프랑스 사람들은 혁명을 일으켜 군주제를 끝냈고, 1792년 공화국이 세워졌지만, 곧 '공포 정치'가 뒤를 이었다. 권력을 쥔 사람들은 자신들의 혁명을 지지하지 않는 많은 사람들을 죽였는데, 보통 단두대를 이용했다.

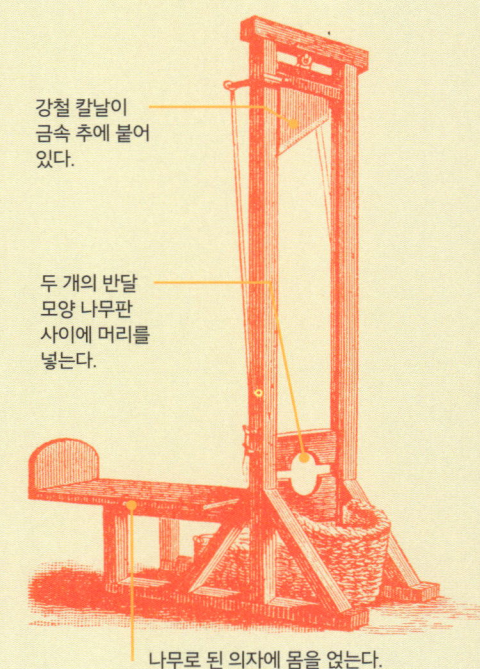

강철 칼날이 금속 추에 붙어 있다.

두 개의 반달 모양 나무판 사이에 머리를 넣는다.

나무로 된 의자에 몸을 얹는다.

세상을 바꾼 인물

시몬 볼리바르
남아메리카 베네수엘라의 혁명가, 1783~1830년

시몬 볼리바르는 남아메리카 대륙 독립의 개척자였다. 군인이자 정치 지도자로서 여러 식민지가 스페인의 지배에서 해방되도록 도왔고, 콜롬비아·볼리비아·에콰도르·파나마·페루·베네수엘라가 독립할 수 있었다. '볼리비아'라는 나라 이름은 볼리바르의 이름을 따서 만들었다.

❝ 자유를 사랑하는 국민은 결국에는 자유로워진다. ❞

아이티 혁명

1791년에서 1804년까지 계속된 아이티 혁명은 카리브해에 있던 프랑스의 식민지 생도맹그에서 일어났다. 50만 명이 넘는 아프리카의 후예들이 사탕수수 농장에서 노예로 일했다. 1789년에 일어난 프랑스 혁명 소식을 전해 들은 생도맹그 사람들이 1791년 독립을 위해 투쟁하기 시작했다. 지도자는 투생 루베르튀르였는데, 노예였으나 독학으로 공부하여 전술을 익힌 사람이었다. 뛰어난 지도력으로 독립 투쟁을 이끈 투생 루베르튀르는 1803년 감옥에서 사망했다. 루베르튀르를 도와 독립 투쟁을 했던 장 자크 데살린이 이끄는 혁명군은 1804년 프랑스를 격퇴하고 '아이티'라는 이름의 공화국을 세웠다. '아이티 공화국'은 세계 최초로 아프리카 출신 노예들이 혁명을 일으켜 성공한 나라였다.

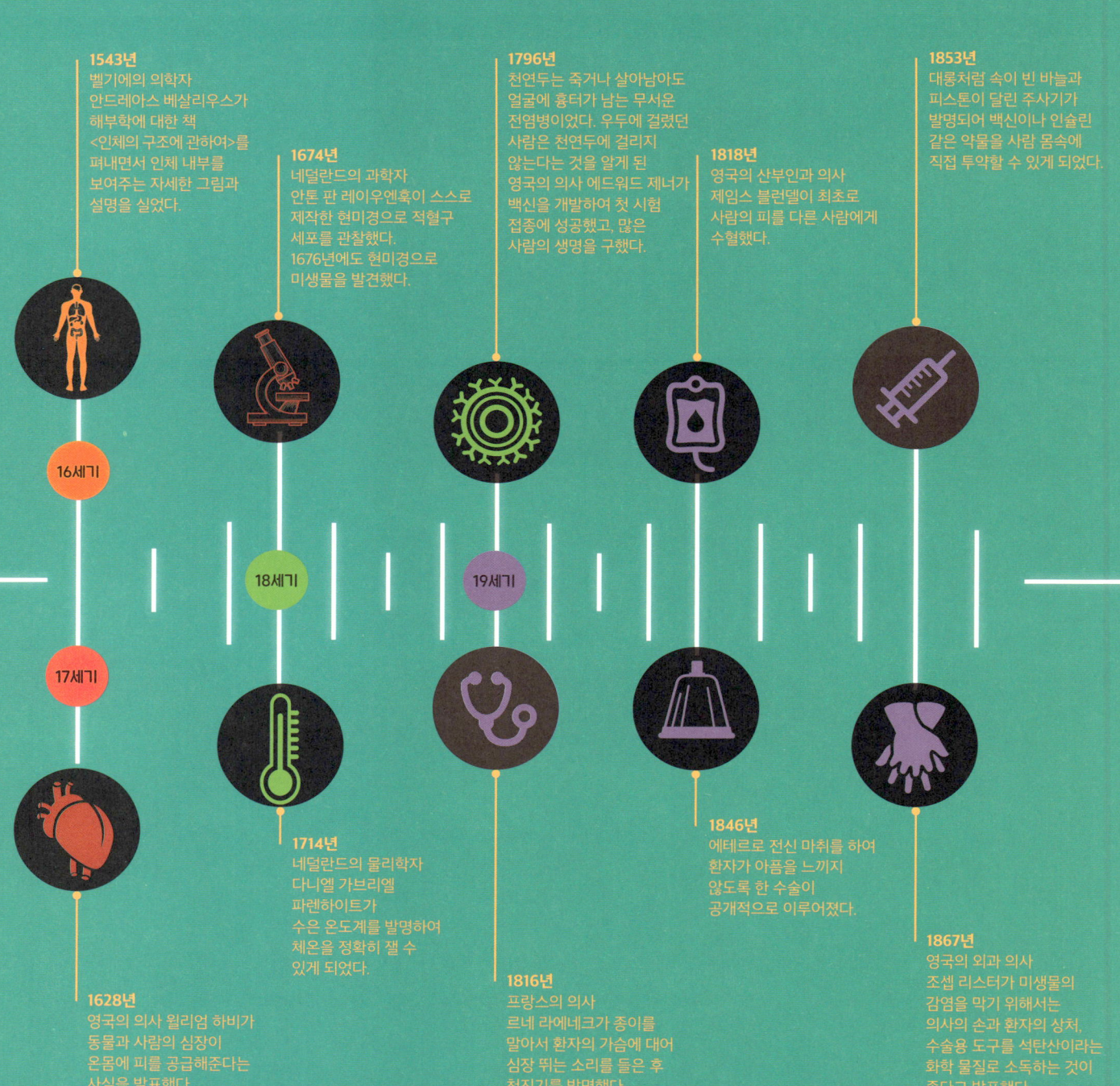

의사를 돕는 삼차원 인쇄 기술

2018년, 사람의 신장에서 물혹을 제거하는 데 삼차원 인쇄 기술의 도움을 받았다. 북아일랜드의 벨파스트 시립 병원 의사들은 치명적인 신장 질환에 걸린 젊은 여성 환자에게 신장 이식을 하기로 결정했다. 환자의 아버지가 신장을 기증했는데, 기증받을 신장에 물혹이 있는 것을 발견한 의료진은 삼차원 인쇄 기술로 아버지의 신장과 똑같은 모형을 만들었다. 의사들은 이식 수술을 하기 전에 어떻게 물혹을 제거할 것인지 모형으로 충분히 연구한 끝에 수술을 성공적으로 마칠 수 있었다.

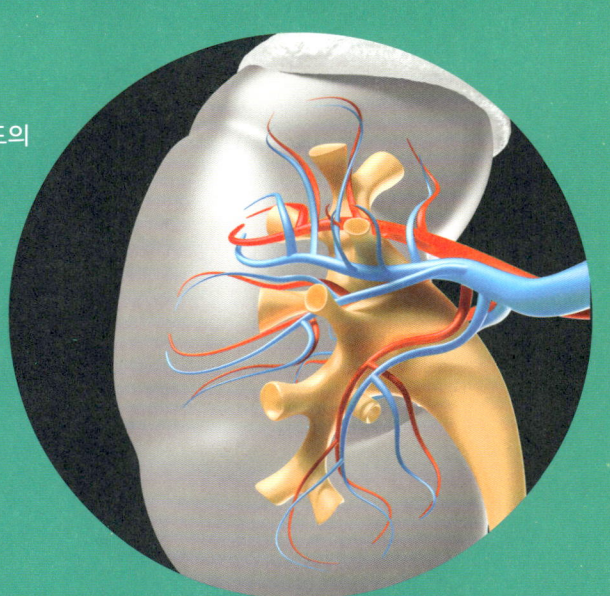

1860~1890년
프랑스의 루이 파스퇴르와 독일의 로베르트 코흐가 세균설을 증명했다. 세균설은 세균과 같은 미생물이 여러 질병의 원인이라는 것을 설명해주는 이론이다.

1952년
미국의 의사 버지니아 아프가가 '아프가 점수'를 개발하여 새로 태어난 아기가 긴급한 치료를 받아야 하는 상태인지 아닌지를 재빨리 판단할 수 있게 되었다.

1964년
전자현미경을 이용한 바이러스 연구의 개척자인 스코틀랜드의 준 알메이다가 인간에게 감염되는 새로운 종류의 바이러스를 발견하고, 처음으로 '코로나바이러스'라는 이름을 붙였다.

1983년
과학자들이 인체 면역 결핍 바이러스가 후천성 면역 결핍증(에이즈)을 일으킨다는 것을 발견하여 치료법이 개발되었다.

20세기　　　　　　　　　　　　　　　　21세기

1895년
독일의 물리학자 빌헬름 콘라트 뢴트겐이 엑스선 기계를 만들어, 수술을 하지 않고도 몸속을 볼 수 있게 되었다.

1928년
스코틀랜드의 과학자 알렉산더 플레밍이 처음으로 자연물에서 생성되는 항생 물질인 페니실린을 발견했다. 항생 물질은 세균과 같은 미생물의 감염을 치료하는 물질이다.

1952년
영국의 생물물리학자 로절린드 프랭클린이 데옥시리보핵산(DNA)의 구조가 이중 나선 모양이라는 것을 보여주는 엑스선 사진을 촬영했다.

1978년
최초의 '시험관 아기' 루이스 브라운이 영국에서 태어났다. 엄마의 난자는 실험실에서 수정된 후에 엄마에게 옮겨졌다.

2006년
특정한 암을 예방할 수 있는 최초의 백신인 인유두종 바이러스 백신이 사용 허가를 받았다. 인유두종 바이러스는 여성의 생식계통에 암을 일으킨다.

산업화의 풍경

산업화가 이루어지는 나라마다 모습이 완전히 바뀌었다. 식품 공장과 방직 공장, 탄광, 제철소와 같은 산업체가 곳곳에 세워졌으며, 농사를 짓던 사람들이 몰려들어 노동자가 되었다. 인구가 늘어난 공장 주변에 마을과 시장과 학교가 생기면서 새로운 도시가 형성되었고, 도시와 도시를 잇는 도로와 철도, 운하가 건설되었다.

- 몇몇 기업가는 노동자들이 마음 놓고 열심히 일할 수 있도록 공장이 모여있는 마을에 교회, 병원, 학교를 세우기도 했다.
- 산업화의 흐름은 인근 시골까지 퍼지기 시작했다.
- 노동자를 위한 집이 공장 근처에 지어졌다.
- 석탄을 태워 증기 기관을 작동했기 때문에 높은 굴뚝에서는 석탄 연기가 뿜어져 나왔다.
- 공장 건물은 무거운 기계가 설치될 수 있도록 크고 튼튼해야 했다.
- 흐르는 강물은 공장의 동력이 되었다.
- 새 도로와 철도가 도시와 도시를 연결했다.

산업 혁명

산업 혁명은 18세기가 끝나갈 무렵 영국에서 시작되어 19세기에는 유럽, 미국, 일본으로 퍼져나갔다. 작은 작업장에서 몇몇 직공이 손으로 만들던 물건들을 큰 공장에서 많은 노동자들이 대량으로 생산했다. 증기 기관의 힘으로 사람들이 더 빨리 더 효율적으로 일할 수 있게 되었다. 농사를 짓던 사람들이 일자리를 찾아 도시로 모여들면서 새로운 도시들이 커졌다.

어린이 노동자

가난에 시달리는 많은 가정에서 어린이를 공장에 보내 일을 시켰다. 1870년 미국에서 실시한 인구 조사에 따르면, 15살까지의 어린이 노동자가 75만 명이 넘었다. 어린이들은 몹시 더러운 작업환경에서 보통 12시간을 고되게 일했고, 때로 더 오래 일하기도 했다.

도움말 주신 전문가: 브라이언 디그넌 **함께 보아요:** 에너지, 3권 28~29쪽; 전기, 3권 32~33쪽; 단순한 기계, 3권 48~49쪽; 아메리카 대륙의 노예 제도, 7권 22~23쪽; 무엇이든 싣고 어디로든 간다, 8권 8~9쪽; 스마트 기술과 인공 지능, 8권 30~31쪽

노동의 분업화

노동자들은 예전과는 달리 실 만드는 기계인 방적기를 관리하거나 두두에 굽을 붙이는 것 같은 한 가지 임무만 맡았다. 복잡하고 커다란 제조 공정의 작은 일부를 맡아 똑같은 동작을 되풀이했다. 얼마 뒤에는 제품이 공정에 따라 이동하는 생산 방식이 도입되어, 한 작업대에서 다음 작업대로 옮겨지면 노동자들은 선 자리에서 주어진 단순한 일을 반복하면서 제품을 조립했다.

특히 더 낮았던 여성의 임금

대량 생산 덕분에 많은 제품의 가격이 내려가자 사람들은 처음으로 저축을 할 수 있게 되었다. 하지만 공장에서 일하거나 단순한 노동을 하는 사람들은 오랫동안 힘들게 일하면서도 임금은 적었다. 게다가 영국에서는 여성의 임금이 남성 임금의 3분의 1에서 3분의 2 정도였다. 성차별 때문인지 아니면 기술의 숙련도가 남성보다 낮은 일을 했기 때문인지에 대해서는 역사학자들의 의견이 갈리고 있다.

 영국 남성, 일주일에 10~15실링

 영국 여성, 일주일에 5실링

 영국 아동, 일주일에 1실링

사실은!

앤드루 카네기는 3억 5000만 달러나 되는 막대한 재산을 기부했다. 스코틀랜드의 가난한 집안에 태어난 카네기는 미국에서 강철 산업의 개척자가 되었다. 카네기는 1901년에 은퇴하면서 지금의 가치로 48억 달러나 되는 재산을 모두 기부하겠다고 맹세했고, 10년에 걸쳐서 재산의 90퍼센트를 주로 학교와 도서관을 세우거나 돕기 위해 썼다.

산업화를 이끈 발명품

산업화가 진행되면서 놀랄 만한 기계와 교통수단이 개발되었다. 새로 개발된 발명품들은 보통 석탄과 가스 같은 화석 연료를 써야 에너지를 얻을 수 있었다. 화석 연료를 쓰면서 환경 오염이 심각해졌고, 오늘날 우리에게까지 영향을 미치고 있는 지구 온난화 현상이 일어났다.

1764년 방적기
실을 뽑는 기계를 '방적기'라고 한다. 1764년 영국에서 축이 여러 개인 다축 방적기가 발명되고, 1779년에 수력 방적기와 다축 방적기를 결합한 물 방적기가 발명되면서 옷감의 대량 생산이 가능하게 되었다.
 18세기

1765년 무렵 증기 기관
영국의 제임스 와트가 개발한 증기 기관이 기차와 산업용 기계를 움직이게 되었다.

1831년 발전기와 전동기
영국의 마이클 패러데이가 발전기의 원리를 발견하여 오늘날 전기로 이루어지는 문명을 낳았다.
 19세기

1837년 전신기
미국의 새뮤얼 모스가 전신기를 발명하여 멀리 떨어진 곳에도 빠른 시간 안에 소식을 전할 수 있게 되었다.

1876년 전화
영국에서 태어나 뒤에 미국 사람이 된 알렉산더 그레이엄 벨이 처음으로 전화기의 특허를 받아 사람 사이의 소통에 혁명을 일으켰다.

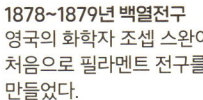
1878~1879년 백열전구
영국의 화학자 조셉 스완이 처음으로 필라멘트 전구를 만들었다.

1885년 자동차
독일의 카를 벤츠가 휘발유를 연료로 사용하는 내연 기관 자동차를 만들었다.

1903년 최초의 비행기
미국의 윌버 라이트와 오빌 라이트 형제가 세계 최초로 동력이 달린 비행기로 하늘을 날았다.
 20세기

제1차 세계 대전

1914년 발발한 제1차 세계 대전은 힘센 나라들이 두 편으로 나뉘어 유럽·아프리카·아시아·태평양 연안의 세계 곳곳에서 싸운 첫 번째 전쟁이었다. 독일·오스트리아-헝가리·오스만 제국·불가리아가 동맹을 맺어 한 편이 되었고, 영국·프랑스·러시아·미국을 중심으로 일본·이탈리아와 같은 여러 나라가 연합하여 한 편이 되어 싸웠다.

참호 전투

제1차 세계 대전에 참전한 병사들은 길게 연결된 구덩이인 참호를 팠다. 적군과 아군의 참호 사이에 있는 공간은 '중간 지대'라고 불렀다. 전진하려면 참호에서 나와 중간 지대로 들어가야 했다. 이렇게 되면 적군의 총과 폭탄에 무방비 상태가 되었다. 참호 속에서는 안전했지만 더러운 진흙탕 속에서 지내야 했고 질병도 빠르게 퍼졌다.

독가스 공격

1915년, 독일군들은 제2차 이프르 전투에서 염소 가스를 방출했다. 염소 가스는 바람에 실려 연합군 참호로 날아갔고 수천 명이 사망했다. 양쪽 모두 더 효과적인 화학 무기를 개발하기 위해 경쟁했다. 폐에 액체가 차게 만드는 포스겐, 물집이 생기게 하는 이페리트와 같은 독가스도 사용되었다. 9만 1000명 정도의 병사들이 제1차 세계 대전 동안 독가스 때문에 사망했다.

- 적군을 마주 보는 참호의 정면은 흉벽이라고 불렀다.
- 잠망경으로 흉벽 아래에서 적군을 감시할 수 있었다.
- 중간 지대에 적군이 들어오지 않는지 밤낮으로 감시했다.
- 병사들은 참호 벽 속에 구덩이를 파서 거기서 쉬고, 비바람을 피했다.
- 모래주머니로 적군의 눈에 띄지 않도록 했다.
- 참호 벽에 끼워 놓은 판자는 병사들이 중간 지대로 총을 발사할 때 발판이 되었다.
- 참호 바닥에는 나무 판자를 깔아 물이 고이지 않도록 했다.

도움말 주신 전문가: 로라 보그트　**함께 보아요:** 갈등과 전쟁, 5권 24~25쪽; 산업 혁명, 7권 28~29쪽; 여성의 참정권, 7권 32~33쪽; 공산주의의 등장, 7권 34~35쪽; 대공황의 발생, 7권 36~37쪽; 제2차 세계 대전, 7권 38~39쪽

거대한 대포

제1차 세계 대전에서 쓰인 가장 큰 대포는 독일의 베르타 포였는데, 크다는 뜻의 '빅 베르타'라고도 불렸다. 포의 길이가 짧은 곡사포로, 하늘 높이 쏘아 올리도록 고안된 대포였다. 독일군은 전쟁 동안 베르타 포 12대를 만들어 프랑스와 벨기에의 요새를 공격하는 데 사용했다.

- 무게가 810킬로그램이나 나가는 포탄을 발사했다.
- 포탄은 콘크리트나 땅을 12미터나 뚫고 들어갈 수 있었다.
- 무게가 47톤이나 되었기 때문에, 옮기려면 해체를 해야 했다.
- 240명으로 이루어진 포병이 대포를 조작하고 정비했다.
- 어떤 포탄에는 목표에 충돌한 후 시간 차이를 두어 터지게 하는 장치인 '지연 신관'이 달려 있었다.

전쟁 중에 처음 시작된 것

제1차 세계 대전을 치르면서 많은 것들이 처음 시작되었다.

1. 철모 프랑스 병사들은 제1차 세계 대전 중에 처음으로 철모를 썼다.

2. 엑스선 사용 프랑스 전선에서 부상병들에 대한 엑스선 촬영이 시작되었다.

3. 잠수함 독일군은 '유보트'라는 잠수함을 사용했다. 유보트의 '유'는 독일어로 '바닷속'을 뜻하는 낱말의 머리글자였다.

4. 탱크 전투 영국군은 1917년 캉브레 전투에서 처음으로 탱크를 효과적으로 사용했다.

5. 공중전 동맹군과 연합군 모두 상대방 전투기를 겨냥해 쏠 수 있는 기관총이 달린 전투기를 개발해서 공중전을 벌였다.

6. 항공 모함 제1차 세계 대전이 막바지에 이른 1918년에 참전한 영국의 아거스함은 처음 개발된 현대식 항공 모함이었다.

7. 무선 통신 제1차 세계 대전은 무선 통신 기술이 널리 사용된 최초의 전쟁이었다.

사실은!

1914년 크리스마스에 참호를 마주하고 있던 몇몇 독일군과 영국군 병사들은 무기를 내려놓고 걸어 나와 적군을 만났다. 병사들은 선물을 나누고, 노래를 부르고, 몇몇은 임시로 공과 골대를 만들어 축구도 했다. 다른 병사들은 잠깐 동안 주어진 평화로운 시간에 참호를 수리하거나 아군 전사자의 시신을 묻어 주었다.

전령 비둘기

전쟁이 진행되는 동안 전령 비둘기가 정보나 명령을 전달했다. 정보를 적은 종이는 비둘기의 다리에 매달아 놓은 통에 넣었다. 비둘기는 쏟아지는 총알을 뚫고 전쟁터 위를 날아다녔는데, 특히 바닷가 전쟁터에서 쓸모가 있었다. 1918년 전령 비둘기 한 마리가 22분 만에 35킬로미터를 날아 독일군에게 포위되어 있던 연합군 194명을 구했다. '친구에게'라는 뜻의 '셰르 아미'라고 불린 이 비둘기는 프랑스가 수여하는 십자 무공 훈장을 받았다.

전쟁의 대가

제1차 세계 대전은 전투에 참전한 군인들뿐 아니라 사회의 모든 사람들에게 영향을 미쳤다. 연합군 500만 명, 동맹군 350만 명이 싸우다가 사망했다. 많은 사람들이 전쟁을 피해 집을 떠나 고난을 겪었고, 1300만 명이 목숨을 잃었다.

여성의 참정권

여성의 참정권 운동은 정치에 참여하는 권리인 선거권을 쟁취하기 위한 전 세계적인 운동이었다. 처음에는 영국과 미국의 여성들이 운동을 주도했다. 여성 참정권 운동의 첫 승리는 1893년 선거권을 얻어낸 뉴질랜드가 차지했다. 제1차 세계 대전이 끝나자, 많은 나라에서 전쟁 중에 땀 흘린 여성들의 노고를 인정하여 선거권을 주었다.

여성 참정권 운동가들은 거리를 행진할 때 현수막, 깃발, 포스터를 사용해 자신들의 주장을 알렸다.

여성 참정권 운동가들은 띠를 둘렀다. 영국의 여성 단체인 전국 여성 참정권 단체 연합은 '여성에게 권리를 달라'는 뜻을 나타내는 초록색, 흰색, 빨간색을 사용했다.

영국의 전국 여성 참정권 단체 연합은 수많은 참정권 단체 가운데 하나였다. 미국의 여성들은 전미 여성 참정권 협회를 지지했다.

여성 참정권의 역사

1893년 뉴질랜드	1944년 자메이카
1902년 오스트레일리아	1945년 이탈리아
1906년 핀란드	1946년 베트남
1913년 노르웨이	1947년 아르헨티나
1915년 덴마크	1947년 일본
1917년 러시아	1947년 멕시코
1918년 캐나다	1947년 파키스탄
1918년 독일	1948년 대한민국
1918년 영국	1949년 중국
1919년 네덜란드	1949년 인도
1920년 미국	1955년 에티오피아
1931년 스페인	1963년 모로코
1931년 남아프리카공화국	1967년 에콰도르
1931년 포르투갈	1971년 스위스
1931년 스리랑카	1972년 방글라데시
1932년 타일랜드	1999년 카타르
1932년 우루과이	2002년 바레인
1934년 터키	2005년 쿠웨이트
1935년 미얀마	2006년 아랍에미리트
1944년 프랑스	2011년 사우디아라비아

여성 참정권 운동가들의 집회

이 사진은 영국의 여성 참정권 운동가이자 교육 개혁가인 밀리센트 포셋이 런던 하이드 파크에서 연설하는 장면이다. 포셋은 1897년부터 1919년까지 전국 여성 참정권 단체 연합의 회장이었다.

여성의 참정권에 반대하는 남성들도 있었지만 지지하는 사람들도 있었다. 영국 의회 의원들 가운데에도 지지자가 있었다.

공산주의의 등장

19세기에 들어 많은 사람들이 공장에서 일하게 되었다. 공장주들은 부유했지만, 노동자들은 가난했다. 공장주보다는 노동자가 더 많았고, 공장에서 발생한 이윤은 모든 사람들에게 돌아가야 한다는 사회주의 이념에 많은 노동자가 동조했다. 1848년, 독일의 카를 마르크스가 <공산당 선언>을 펴내 노동자들이 공장주들의 소유권을 빼앗아 노동자가 통제하는 새로운 정부에 주자고 제안했다.

> 혁명!
> "만국의 노동자여 단결하라! 잃을 것은 당신을 묶고 있는 쇠사슬밖에 없다."

> 사회주의:
> 복지가 이윤보다 더 중요하다.

> 공산주의:
> 노동자들이 정부를 통제하여 정부가 노동자들에게 이윤을 주도록 해야 한다.

자본론

마르크스는 왜 자본주의에 문제가 있다고 생각했는지 <자본론>에서 설명했다.

카를 마르크스

카를 마르크스는 정치경제학자이자 철학가였다. 마르크스가 쓴 책들은 20세기 공산주의 국가에 큰 영향을 주었다. 마르크스는 사회가 '계급 투쟁'을 통해 진보한다고 믿었다. 마르크스가 소개한 공산주의 신념의 핵심은 불쌍한 노동자들이 일어나 기업을 소유하고 있는 자본가들에 맞서야 한다는 것이었다.

도움말 주신 전문가: 벤저민 소여 **함께 보아요:** 산업 혁명, 7권 28~29쪽; 제2차 세계 대전, 7권 38~39쪽; 냉전 시대, 7권 40~41쪽

소련의 상징

최초의 공산주의 국가들은 국민이 나라를 위해 함께 일하는 것에 초점을 맞추었다. 지금의 러시아는 백 년 전 최초의 공산주의 국가인 소비에트 연방이었다. 보통 '소련'이라고 줄여서 부른 소비에트 연방의 국기에는 노동자를 상징하는 망치와 농민을 상징하는 낫이 들어 있었다. 오늘날의 공산주의 국가들은 공산주의와 자본주의의 성격이 섞여 있으며, 개인적인 이익을 위해 노력하는 것도 허용된다. 그래서 다른 사람들보다 훨씬 부자인 사람들도 있다.

공산주의 국가들

오늘날에는 공산주의 국가가 다섯 나라만 남아 있는데, 자본주의도 어느 정도 받아들이고 있다. 공산주의 국가는 세계 인구의 20퍼센트를 차지한다.

1. 중국 중국 공산당은 1921년에 처음 창당되었다. 마오쩌둥이 이끈 중국 공산당은 1949년 중화 인민 공화국을 세웠다.
인구: 14억 명

2. 베트남 1930년 베트남 공산당을 세운 호찌민이 1945년 베트남 북부 지역을 장악하고 공산 국가임을 선언했다. 1976년에 나라 전체가 공산주의 국가가 되었다.
인구: 9700만 명

3. 북한 제2차 세계 대전 후 남과 북으로 나뉜 한반도의 북쪽을 장악하고, 1948년에 공산주의 정부를 세웠다.
인구: 2500만 명

4. 쿠바 1958년 쿠바의 군사 독재 정권 타도에 앞장섰던 피델 카스트로가 1959년 공산주의 정부를 세우고 독재자가 되었다.
인구: 1130만 명

5. 라오스 공산주의 혁명가들이 1975년 라오스의 정권을 장악했다.
인구: 730만 명

세상을 바꾼 인물

블라디미르 레닌
소련의 지도자, 1870~1924년

본명이 '블라디미르 일리치 울리야노프'인 레닌은 처음으로 공산주의 정권을 세운 볼셰비키 당을 이끌었다. 레닌은 1917년 10월에 러시아의 수도 페트로그라드에서 정권을 장악했고, 1918년에서 1921년까지 이어진 러시아 내전에서 승리하여, 1922년 수립된 공산주의 국가 소련의 첫 번째 국가 원수가 되었다.

쿠바 혁명

쿠바 혁명은 쿠바의 독재 정권을 무너뜨린 혁명이었다. 1953년에 시작된 쿠바 혁명은 1958년 12월 31일, 부정과 부패로 국민의 인심을 잃은 독재자 풀헨시오 바티스타 정부를 무너뜨리면서 끝났다. 혁명을 이끈 피델 카스트로는 외국 사람이 소유한 땅과 기업을 빼앗아 나라에서 운영하고, 모든 국민에게 더 좋은 교육과 보건 제도를 제공하겠다고 약속하여 쿠바 사람들의 지지를 얻었다.

포스터의 인물들이 <마오쩌둥 어록>을 들고 있다. 이 책에는 마오쩌둥이 남긴 말 중에서 뽑은 명언 267개가 실렸다.

마오쩌둥의 중국

중국 공산당을 이끌었던 마오쩌둥은 처음 몇 년 동안 시골에서 농민들의 삶을 도우며 공산주의를 따르는 사람들을 모아 군대를 키웠다. 정부가 농민이나 노동자와 같은 평범한 국민에게 별로 관심이 없다고 생각했던 많은 사람들에게 마오쩌둥은 영웅과 같았다. 마오쩌둥은 그를 따르는 사람들과 함께 정부에 대항하여 혁명을 시작했고, 두 차례의 전쟁 끝에 이겼다. 마오쩌둥은 1949년 중국의 지도자가 되었다. 1976년 마오쩌둥이 사망한 후에는 중국 혁명 때 마오쩌둥과 같이 싸웠던 덩샤오핑이 중국의 새로운 지도자가 되었다.

대공황의 발생

제1차 세계 대전이 끝난 뒤, 미국과 유럽의 여러 나라는 경제적으로 좋은 시기를 맞았다. 부유한 사람들이 늘어났고, 공장은 더 많은 상품을 생산했다. 하지만 너무 많이 생산한 상품이 더 이상 팔리지 않게 되면서 기업들이 어려움을 겪기 시작했다. 1929년 미국 주식의 가격이 크게 떨어져 수많은 은행과 기업이 문을 닫았고, 많은 사람들이 직업을 잃었다. 이후 10년 동안 전 세계의 경제가 큰 혼란에 빠졌던 '대공황'의 시작이었다.

광란의 1920년대

제1차 세계 대전이 끝나고 10년 동안 미국과 유럽 사회에는 큰 변화가 나타났다. 경제가 좋아지면서 많은 사람들이 전에는 누려보지 못했던 재산을 가질 수 있게 되었다. 새로운 문화와 유행을 즐겨 '신여성'이라고 불렸던 여성들과 같은 새로운 사회적, 문화적 흐름이 생겼다.

금주법과 재즈 시대

경제가 좋아지자, 미국에서는 많은 사람들이 술집에 가서 술을 마시고 재즈 음악에 맞춰 춤을 추었다. 술을 너무 많이 마시는 것이 문제라고 생각하는 사람들이 늘어났고, 1919년에 미국 정부는 술을 사고파는 것을 금지하는 금주법을 통과시켰다. 금주법 시대에는 범죄 조직이 법의 단속을 피해 술을 판매해서 큰 돈을 벌었다.

미국과 유럽의 여성들은 제1차 세계 대전 때 남성들이 하던 몫을 맡아 하게 되면서 독립심이 훨씬 더 커졌다.

기업들은 상품을 더 많이 판매하기 위해 신문과 잡지에 광고를 실었다.

상품을 사는 데 돈을 아끼지 않는 사람들이 많아지면서 많은 기업들이 큰 이익을 보았다.

자동차와 같은 생산품들이 대량으로 생산되면서 가격이 내려갔다.

도움말 주신 전문가: 마거릿 시 렁 **함께 보아요:** 산업 혁명, 7권 28~29쪽; 제1차 세계 대전, 7권 30~31쪽; 여성의 참정권, 7권 32~33쪽; 제2차 세계 대전, 7권 38~39쪽; 새로운 갈등, 새로운 희망, 7권 46~47쪽

사실은!

무착륙 단독 비행으로는 세계 최초로 대서양을 건넌 미국의 찰스 린드버그는 어디로 날고 있는지 앞을 볼 수가 없었다!

미국 뉴욕에서 프랑스 파리까지 5800킬로미터를 날아가기 위해서는 많은 연료가 필요했다. 린드버그가 탄 비행기는 날개는 물론 조종석 앞쪽에도 연료통을 설치했기 때문에 앞이 보이지 않아서 잠망경을 이용해야 했다. 연료 때문에 무거워진 비행기의 무게를 줄이기 위해 무선 통신 장치나 낙하산 같은 장비도 싣지 않았다.

비슷한 크기의 비행기에는 보통 좌석이 5개 있었지만, 린드버그의 비행기에는 오직 조종석만 있었다.

기술자들은 날개가 한 쌍만 있는 비행기를 린드버그의 주문에 맞추어 제작했다.

할리우드의 황금기

할리우드는 미국에서 영화사가 가장 많은 곳이다. 1920년대는 '할리우드의 황금기'라고 불렸는데, 사람들이 여가 시간에 영화 보는 것을 가장 좋아했기 때문이다. 소리가 없는 무성 영화만 있었던 초기에 이미 홀쭉이와 뚱뚱이 2인조 로렐과 하디와 같은 인기 배우들이 등장했다. 소리가 나오는 첫 장편 유성 영화는 1927년에 나온 <재즈 싱어>였다. 디즈니의 미키마우스는 1928년 <증기선 윌리>라는 애니메이션 영화에 처음 등장했다.

전체주의의 등장

대공황의 틈을 타 전체주의 지도자들이 1930년대 들어 권력을 잡았다. 전체주의는 개인의 자유보다 국가의 발전이 더 중요하다고 생각하는 사상이다. 독일에서는 아돌프 히틀러의 나치당이 제1차 세계 대전에서 패배하여 잃어버린 독일의 자부심을 되찾고 경제를 회복하겠다고 주장했다. 이탈리아에서는 베니토 무솔리니가 국가의 발전을 강조하는 파시즘을 내세워서 권력을 잡았다. 히틀러가 이웃 나라를 침략하자, 제2차 세계 대전이 시작되었다.

대공황

대공황은 세계 경제 역사에서 가장 심각한 경기 침체가 가장 오랫동안 이어진 시기였다. 1929년 미국에서 시작한 대공황은 급속도로 전 세계로 퍼져나갔다. 대공황 초기 몇 년 동안 미국의 경제 성장률과 국민 소득은 엄청나게 큰 폭으로 떨어졌다. 전 세계의 실업자가 늘어나서, 사람들은 가난과 굶주림에 시달렸다.

생산
1929년에서 1933년 사이 미국 공장, 광산, 공공사업의 생산율은 거의 절반으로 떨어졌다.

소비력
미국 사람들의 평균 소비력은 50퍼센트까지 떨어졌다.

시장 가치
미국 주가는 증권 시장 붕괴 전의 7분의 1로 폭락했다.

일자리
미국의 실업자는 1929년 140만 명에서 1933년 1060만 명으로 늘었다.

가난
미국 곳곳에 굶주린 사람들에게 빵과 수프를 무료로 나누어 주는 급식소가 열렸다.

제2차 세계 대전

제2차 세계 대전은 인류 역사에서 가장 크고 잔혹한 전쟁이었다. 전체주의 국가인 독일·이탈리아·일본에 대항하여 프랑스·영국·미국·중국과 소련이 연합국이 되어 싸웠다. 유럽에서 태평양, 북아프리카에 이르기까지 땅과 하늘, 바다에서 맹렬한 전투가 벌어졌다. 아돌프 히틀러의 나치 독일은 유럽을 장악하려고 했고, 일본은 중국을 침략한 뒤에 태평양을 무대로 하여 동남아시아와 태평양의 서쪽 지역을 차지하려고 했다.

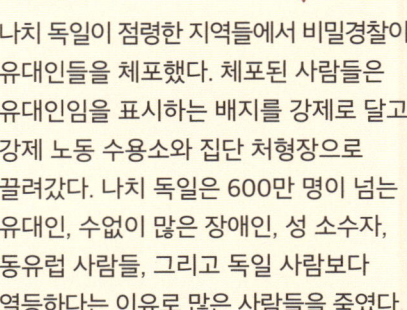

대학살

나치 독일이 점령한 지역들에서 비밀경찰이 유대인들을 체포했다. 체포된 사람들은 유대인임을 표시하는 배지를 강제로 달고 강제 노동 수용소와 집단 처형장으로 끌려갔다. 나치 독일은 600만 명이 넘는 유대인, 수없이 많은 장애인, 성 소수자, 동유럽 사람들, 그리고 독일 사람보다 열등하다는 이유로 많은 사람들을 죽였다.

안전을 찾아

비행기에서 쏟아붓는 폭탄은 어른과 어린이를 가리지 않았다. 제2차 세계 대전 동안 독일군의 폭격기가 영국 런던의 하늘을 날면서 폭탄을 떨어뜨렸고, 사진 속 런던의 어린이들도 안전을 찾아 짐을 챙겨서 떠나야 했다. 유럽 곳곳에서 어린이들이 안전을 찾아 먼 곳으로 떠났다. 핀란드는 이웃 나라 소련의 침략에 대항하여 1939년에서 1944년까지 싸웠고, 핀란드 어린이 8만 명이 스웨덴과 덴마크로 안전을 찾아 떠났다. 제2차 세계 대전으로 유럽에서만 2100만 명이 집을 잃었다. 대부분 폭격과 적군의 점령 때문이었다.

일본의 중국 침략

일본이 1937년 중국을 침략했다. 일본과 중국은 넓고 넓은 중국 영토 안에서 밀고 밀리면서 1945년까지 싸웠다. 중국 정부는 애국적인 영화와 포스터로 국민의 사기를 높이고 항일 정신을 북돋웠다.

새로운 전술

전쟁을 치르는 나라들은 새로운 전술을 개발했다. 독일군은 전격전 전술을 사용했다. 전격전은 하늘에서는 폭격기로 적군의 주요 시설을 폭격하는 동안 땅에서는 탱크로 아주 빠르게 적진으로 진격하는 전술이었다. 일본은 조종사가 폭탄을 실은 전투기를 몰고 연합군의 전함에 충돌하는 자살 특공대인 '가미카제' 전술을 사용했다. 또 다른 놀라운 전술로 잠수함에서 발사하는 어뢰가 있었다. 어뢰는 물속에서 스스로 나아가 적의 전함을 파괴하는 무기였다.

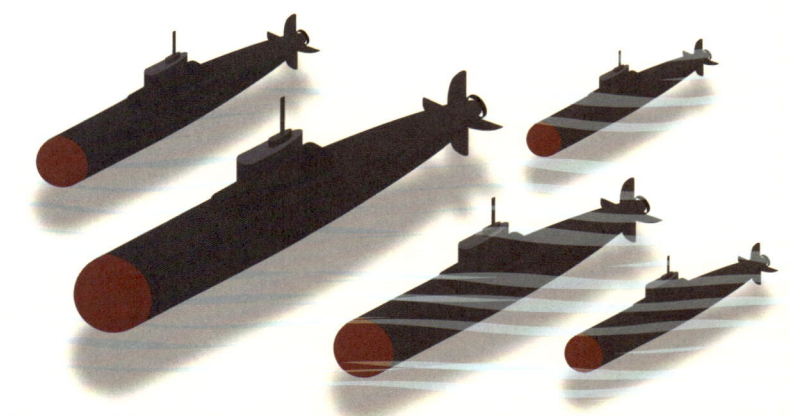

도움말 주신 전문가: 키스 헉센 **함께 보아요:** 산업 혁명, 7권 28~29쪽; 제1차 세계 대전, 7권 30~31쪽; 공산주의의 등장, 7권 34~35쪽; 대공황의 발생, 7권 36~37쪽; 냉전 시대, 7권 40~41쪽

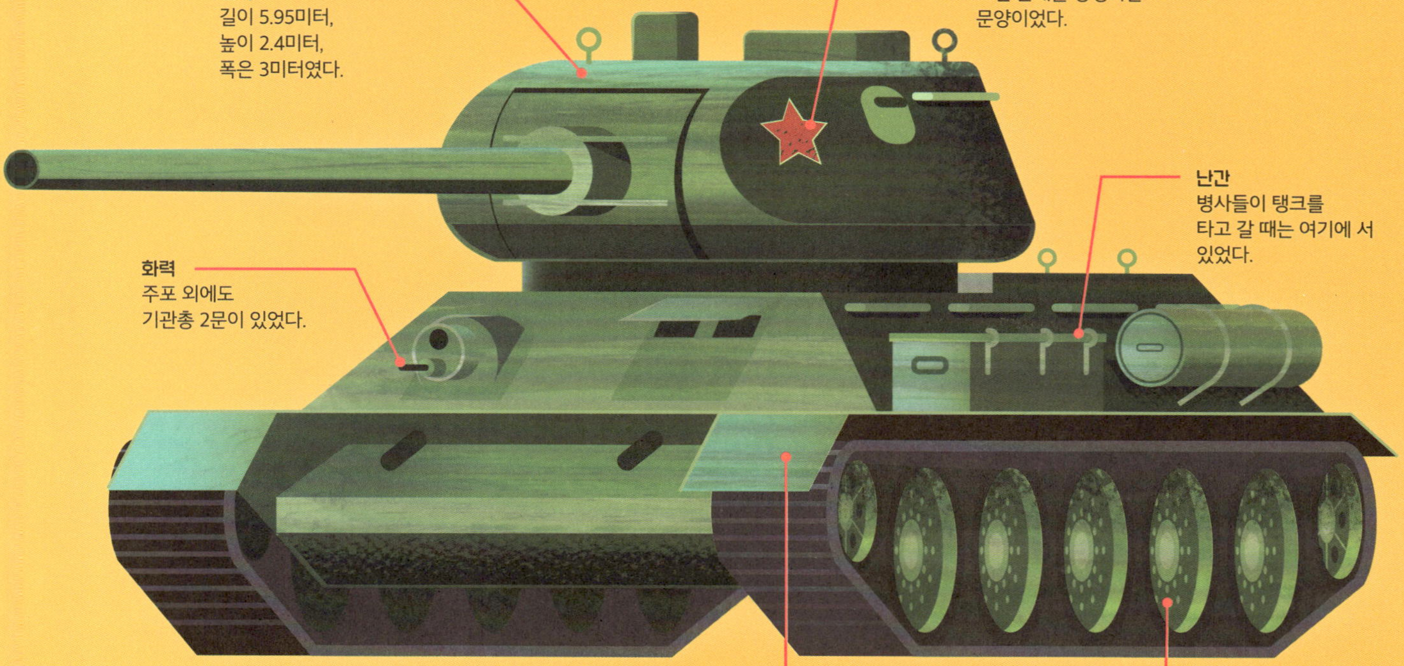

크기
길이 5.95미터,
높이 2.4미터,
폭은 3미터였다.
붉은 별
소련 군대를 상징하는
문양이었다.
난간
병사들이 탱크를
타고 갈 때는 여기에 서
있었다.
화력
주포 외에도
기관총 2문이 있었다.
비스듬히 달린 장갑판
적의 포탄을 비껴가게
하는 데 도움이 되었다.
크고 빠르다
무게는 26.8톤으로,
시속 54킬로미터로
이동할 수 있었다.

티-34 탱크

제2차 세계 대전 동안, 소련과 독일은 더 크고 강한 탱크를 개발하려고 노력했다. 가장 큰 성과는 1940년에 도입한 소련의 티-34 탱크였다. 독일이 만든 탱크보다 훨씬 우수해서, 독일의 한 육군 원수가 '세계에서 제일 성능이 뛰어난 탱크'라고 말했을 정도였다. 티-34 탱크는 4~6만 대 정도 생산되어 소련을 침략한 독일군의 진격을 늦추고, 마침내 후퇴하게 하는 데 도움이 되었다.

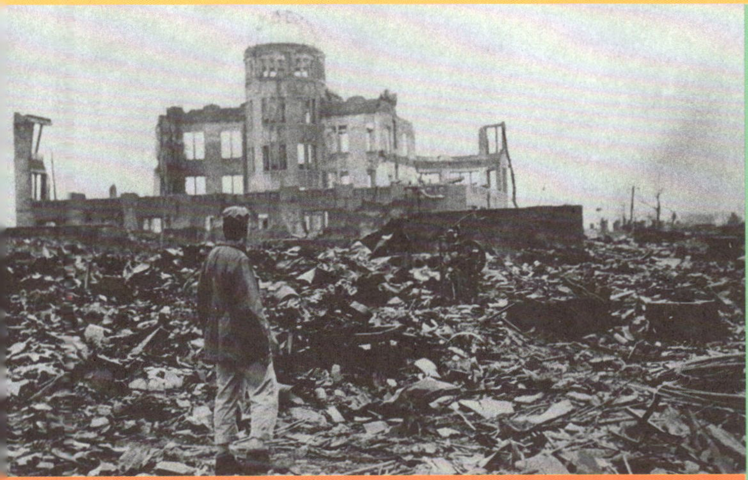

원자 폭탄

전쟁에서 가장 치명적인 무기는 원자 폭탄이었다.
일본은 영토를 넓히겠다는 욕심에 전쟁을 도발했다.
1941년 일본이 태평양 하와이에 있는 진주만의 미군 기지를 공격하자, 미국도 참전하게 되었다. 1945년, 일본의 항복을 받아내기 위해서 미국의 폭격기가 일본의 히로시마와 나가사키에 원자 폭탄을 투하했다. 20만 명이 넘는 사람들이 사망했다.

제2차 세계 대전의 피해

전쟁 중에 죽거나 다친 사람의 수를 정확하게 알기는 어렵지만, 대략 5000~8000만 명 정도일 것으로 알려져 있다. 이 가운데 3분의 2가가 군인이 아닌 민간인이었다. 전쟁터에서, 또는 살던 도시가 폭격을 당해서 다치거나 죽었다. 생각이 다르다거나 다른 민족이라는 이유로 고난을 당한 사람들도 있었고, 전쟁으로 인해 생긴 질병과 굶주림으로, 또는 타고 있던 배가 침몰하여 죽은 사람들도 있었다.

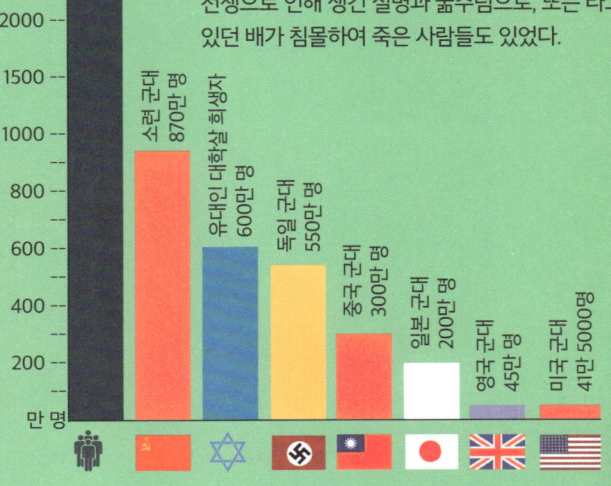

4000
3000
2000
1500
1000
800
600
400
200
만 명
전 세계의 민간인 4000만 명
소련 군대 870만 명
유대인 대학살 희생자 600만 명
독일 군대 550만 명
중국 군대 300만 명
일본 군대 200만 명
영국 군대 45만 명
미국 군대 41만 5000명

냉전 시대

제2차 세계 대전이 끝난 뒤 미국과 서유럽 여러 나라는 소련과 중국의 공산주의 사상이 다른 나라에도 전해지는 것을 막기 위해 노력했다. 양쪽에서 강한 무기를 갖기 위해 원자력을 이용한 핵무기를 개발하면서 긴장이 높아졌다. 하지만 핵무기를 발사하지는 않았는데, 힘겨루기를 하면서 실제로 싸우지는 않는 이런 상황을 '차가운 전쟁'이라는 뜻의 '냉전'이라고 불렀다. 한 나라가 핵무기로 공격하면, 공격받은 나라도 맞서서 핵무기로 반격을 하게 되는데, 그러면 모두 큰 피해를 볼 위험이 있기 때문에 서로 공격하지 않도록 힘의 균형을 유지했다.

핵 대피소

핵무기가 폭발하면, 얼마 동안 땅 위의 공기는 해로운 방사능 먼지로 가득 차게 된다. 몇몇 기업들은 핵전쟁을 대비한 지하 대피소를 만들어 팔려고도 했다. 오늘날에는 이런 수준의 대피소에서는 핵무기의 오염에서 사람을 보호할 수 없다는 것을 모두 알고 있다.

핵 가방

미국 대통령은 비상시를 대비한 핵 가방을 가지고 있다. 핵 가방은 냉전 시대에 생긴 것으로, '핵 축구공'이라는 별명으로 불리기도 하는데, 대통령이 핵 공격을 허가하는 데 필요한 모든 방법이 담겨 있다. 적이 핵무기를 미국으로 발사한다면 미국 대통령은 어디에서든 바로 반격할 수 있다.

방사능 측정기
1952년에 소개된 이 측정기는 전지나 외부 전원이 없어도 사용할 수 있었다.

식품
오래 두고 먹을 수 있는 식품들을 모아 두었다.

전지로 작동하는 라디오
지하에서 바깥 소식을 듣기 위해 필요했다.

식수
자연의 물은 방사능으로 오염이 되었을 것이다.

도움말 주신 전문가: 헨리 마르 3세 **함께 보아요:** 방사능, 3권 10~11쪽; 공산주의 등장, 7권 34~35쪽; 제2차 세계 대전, 7권 38~39쪽

현대의 전쟁

냉전으로 긴장이 높아지면서 세계 곳곳에서 무력 충돌이 일어났다.

1. 6·25 전쟁(1950~1953년)
'한국 전쟁'이라고도 한다. 1945년 일제 강점기가 끝난 후 공산주의 정부가 들어선 북한에서 1950년 남한을 침략하여 벌어진 전쟁으로, 약 250만 명이 사망했다.

2. 베트남 전쟁(1954~1975년)
소련과 중국의 지원을 받은 공산주의 정부의 북베트남이 주로 미국의 지원을 받은 자본주의 정부 남베트남과 서로 통일하기 위해서 싸웠다.

3. 헝가리 혁명(1956년)
소련의 정치적 영향력에서 벗어나고, 소련과 동유럽 여러 나라가 맺은 군사 동맹인 바르샤바 조약기구에서 탈퇴하려고 헝가리 사람들이 일으킨 혁명이다. 소련은 이 혁명을 진압하기 위해 군대를 보냈다.

4. 프라하의 봄(1968년)
1968년 체코슬로바키아 정부가 사람들의 자유를 더 확대하려고 했던 민주화 개혁 시기를 '프라하의 봄'이라고 한다. '프라하의 봄'은 소련과 바르샤바 조약기구의 군대 20만 명이 체코슬로바키아를 침공하면서 중단되었다.

우주 경쟁

냉전 시대에 소련과 미국은 우주 탐사 경쟁을 벌였다. 소련은 1957년 최초의 인공위성을 우주로 보내는 데 성공했고, 같은 해에 처음으로 지구 생명체인 '라이카'라는 이름의 개를 두 번째 인공위성에 태워 보냈다. 1961년에는 최초의 남성 우주 비행사 유리 가가린을, 1963년에는 최초의 여성 우주 비행사 발렌티나 테레시코바를 우주에 보냈다. 1961년에 소련보다 한 달 늦게 남성 우주 비행사 앨런 셰퍼드를 우주에 보냈던 미국은 1969년 최초로 우주 비행사 닐 암스트롱과 에드윈 올드린을 달에 착륙시켰다.

사실은!

중국은 몇 세기 동안 귀여운 동물 판다를 외교에 이용했다. 1950년대에 중국은 동맹국인 소련과 북한에 판다를 선물로 보냈다. 그러나 중국과 소련의 관계는 냉전 시대가 이어지면서 깨어졌다. 1972년에는 중국이 보낸 판다 두 마리가 미국에 도착했다. 중국이 서구 문화와 자본주의를 받아들였다는 것을 상징하는 일이었다.

세상을 바꾼 인물

미하일 고르바초프
소련의 정치 지도자, 1990~1991년 재임

미하일 고르바초프는 블라디미르 레닌이 1922년에 세운 소련의 마지막 지도자였다. 고르바초프와 미국 부시 대통령의 협상으로 냉전이 끝났다. 고르바초프는 '글라스노스트'라는 개방 정책과 '페레스트로이카'라는 개혁 정책을 도입했으며, 공산주의 연방 국가였던 소련이 해체되는 데 큰 영향을 미쳤다.

분단 독일, 다시 하나로

제2차 세계 대전 이후 공산주의 국가인 동독과 자본주의 국가인 서독으로 분단되었던 독일은 냉전의 긴장이 흐르던 곳이었다. 수도였던 베를린에는 동베를린과 서베를린을 가르는 거대한 장벽이 세워졌다. 1989년 소련이 서서히 힘을 잃어가자 독일 사람들은 베를린 장벽을 무너뜨렸다. 1년 후 독일은 다시 한 나라가 되었다.

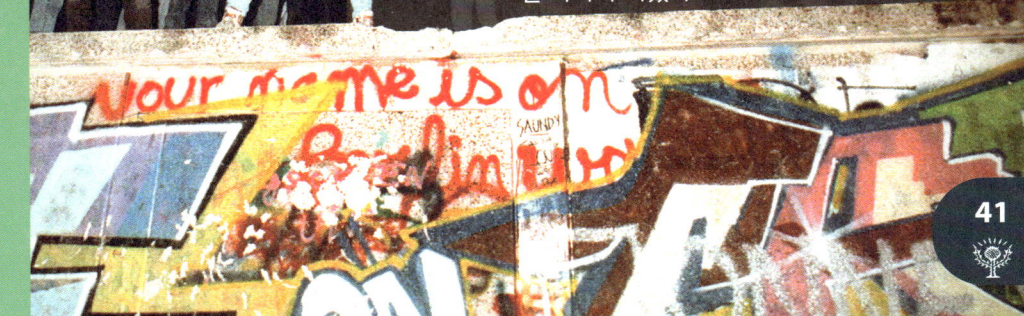

식민지의 독립

제2차 세계 대전이 끝나자 세계 곳곳에서 식민지 지배를 받고 있던 나라들이 '자기 결정권'을 주장하기 시작했다. 영국·프랑스·네덜란드와 같은 제국의 지배에서 독립하여 자신의 나라를 스스로 가꾸어 나가겠다는 뜻이었다. 1945년부터 1970년까지 아시아·아프리카, 중앙아메리카의 카리브해 연안에서 수많은 독립 국가들이 탄생했다. 서로 다른 속도로 진행된 독립운동이 평화롭게 이루어진 나라도 있었고, 혁명이나 전쟁과 같이 힘든 과정을 겪어야 했던 나라도 있었다.

1946년에 발행된 '루피아' 지폐. 첫 인도네시아 대통령인 수카르노의 얼굴이 인쇄되어 있다.

새로운 화폐

새로 독립한 나라들은 나라의 정체성을 세워나가기 시작했다. 새로운 화폐를 만드는 것도 중요한 일이었다. 네덜란드의 지배를 받았던 인도네시아는 네덜란드의 화폐인 '길더'를 사용하고 있었다. 인도네시아는 1946년부터 새 화폐로 '루피아'를 만들어 쓰기 시작했고, 완전한 독립 정부를 세운 1949년부터는 '길더'를 쓰지 않았다.

간디의 독립운동

마하트마 간디는 영국의 지배에 있던 인도의 독립운동을 이끌었다. 간디와 간디를 따르던 사람들은 영국에서 만든 물건 쓰지 않기 운동과 같은 비폭력적인 방법으로 영국의 식민지 지배에 항거했다. 인도는 1947년 영국의 지배에서 독립했지만, 종교에 따라 힌두교 신자들을 중심으로 세워진 인도와 이슬람교 신자를 중심으로 하는 파키스탄의 두 나라로 나뉘었다. 두 종교를 믿는 사람들 사이의 갈등과 폭력이 원인이었다.

노팅힐 축제

영국은 1948년 영국 국적법을 새로 만들어 영국의 식민지에서 살았던 사람에게도 시민권을 주었다. 여러 식민지에서 온 사람들의 고국이 된 영국에서 몇몇 민족은 고유의 문화를 기념하는 행사를 연다. 매년 8월이면 카리브해 지역 출신 민족들은 런던의 노팅힐 축제에 의상을 차려입고 참가한다. 이 축제는 1966년에 처음 열렸다.

도움말 주신 전문가: 롭텔 페일리 **함께 보아요:** 아프리카의 제국들, 7권 6~7쪽; 무굴 제국, 7권 14~15쪽; 새로운 제국, 7권 18~19쪽; 제1차 세계 대전, 7권 30~31쪽; 공산주의의 등장, 7권 34~35쪽; 제2차 세계 대전, 7권 38~39쪽; 냉전 시대, 7권 40~41쪽; 민권, 7권 44~45쪽

1960년의 아프리카

아프리카가 본격적으로 유럽의 식민지 지배를 받기 시작한 것은 1884년부터였다. 유럽 여러 나라가 모여 아프리카를 나누어 식민지로 삼자고 합의한 베를린 회담의 결과였다. 제2차 세계 대전이 끝나자 아프리카에서도 식민지 지배에서 벗어나 독립 국가들이 생겼다. 1960년 한 해에만 17개 나라가 독립에 성공했다.

범례:
- 1960년 이전에 독립한 나라
- 1960년에 독립에 성공한 나라
- 1960년에도 아직 독립하지 못한 나라
- 한 번도 식민지가 된 적이 없는 나라

자유를 위한 투쟁

알제리 사람들은 1962년에 독립을 기뻐할 수 있었다. 알제리 사람들은 자유를 얻기 위해 힘겹게 투쟁해야 했다. 자치권을 얻기 위한 전쟁에서 알제리 사람 30만 명이 프랑스 군인들에 의해 죽었다. 자유를 얻기 위해 싸워야 했던 나라로 네덜란드에서 독립한 인도네시아, 프랑스에서 독립한 베트남이 있다.

전문가의 한마디!!

롭텔 페일리
국제 개발 전문가

롭텔 페일리는 사람들의 대규모 이동, 인종과 시민권 문제를 연구한다. 유색인이 백인과는 다른 경험을 하게 되는 상황, 특히 백인들의 나라에 살거나 여행할 때 겪게 되는 상황에 깊은 관심이 있다.

> 인종에 따라 살 수 있는 지역이나 갈 수 있는 곳이 결정되죠. 식민지의 역사는 지금도 그렇게 계속되고 있어요.

미국의 민권 운동

남북 전쟁으로 미국의 노예 제도는 폐지되었지만, 아프리카계 미국인들이 백인들과 동등한 기회와 권리를 얻게 된 것은 아니었다. 미국의 남부에는 아프리카계 미국인들을 백인과 분리하는 법이 있었다. 사는 곳, 일하는 곳, 노는 곳이 달랐고, 상점과 학교도 따로 있었다. 몇몇 주와 지역에서는 불공평한 법을 만들어 아프리카계 미국인의 투표권을 사실상 빼앗았다. 북부에서도 아프리카계 미국인에게 백인과 똑같은 기회가 주어지는 경우는 거의 없었다.

아프리카계 미국인들은 1950년대부터 민권 운동을 조직해 평등한 대우를 요구했다. 아프리카계 미국인들과 이들을 지지하는 백인들은 1963년의 '워싱턴 행진'과 같이 전국적으로 평화 시위를 벌였고, 권리를 찾기 위해 법정에서 싸워서 뜻있는 성과를 거두었다. 미국의 대법원은 인종에 따른 분리 정책이 불법이라고 판결하고, 의회는 투표권을 보호하는 법안들을 통과시켰지만, 오늘날까지도 아프리카계 미국인들은 일상에서 많은 어려움을 마주하고 있다.

지도자의 삶
노련한 시위 지도자였던 존 루이스는 워싱턴 행진 때 학생 비폭력 조정 위원회의 회장이었다. 어른이 된 후에도 조지아주 연방 하원 의원으로서 활동하며, 평생 계속하여 민권을 주장했다.

마틴 루터 킹 목사의 꿈
1963년 워싱턴 행진을 이끌었던 마틴 루터 킹 목사는 "나에게는 꿈이 있습니다"라는 유명한 연설을 했다. 마틴 루터 킹 목사는 자신의 아이들이 "피부의 색깔이 아닌 인격의 됨됨이로 평가받는" 세상에서 살게 되기를 꿈꾼다고 연설했다.

성직자의 지지
많은 종교 단체들이 민권 운동에 참여했다. 유진 카슨 블레이크는 미국 연합 장로 교회의 사무총장이었다. 블레이크 오른쪽으로 두 번째에 있는, 검은색 안경을 쓴 요아킴 프린츠는 미국 유대교 의회의 의장이었다.

민권

민권은 차별을 받지 않을 권리와 사회적인 자유를 누릴 수 있는 권리를 말하며, 투표권과 같은 정치적인 권리를 포함하기도 한다. 많은 사회에서 다양한 사람들이 차별을 당하는데, 다른 사람에 비해 민권을 온전히 갖지 못하고 있다는 뜻이다. 차별은 성별·인종·종교와 같은 여러 이유로 이루어진다. 최근 10년 동안, 많은 사람들이 그동안 인정받지 못한 민권을 요구하는 운동에 참여했다.

한쪽 무릎을 꿇다

2016년 8월부터 미국의 운동선수들은 경기가 시작되기 전 국가가 연주되는 동안 한쪽 무릎을 꿇었다. 인종 차별과 경찰의 폭력에 대한 항의의 표시였다. 전통적으로 국가가 연주되는 동안에는 모두 일어서기 때문에, 무릎을 꿇으면 전하려고 하는 뜻에 대한 사람들의 관심을 더 끌 수 있었다. 이런 비폭력 시위를 처음 시작한 사람은 미식축구 선수 콜린 캐퍼닉이었다.

도움말 주신 전문가: 제프 월렌펠트 **함께 보아요:** 종교, 5권 22~23쪽; 아메리카 대륙의 노예 제도, 7권 22~23쪽; 여성의 참정권, 7권 32~33쪽; 제2차 세계 대전, 7권 38~39쪽

계속 비행하겠습니다!

원주민들의 투쟁

아메리카·오스트레일리아·아프리카·아시아·유럽의 원주민들은 조상 대대로 살던 땅에서 평등한 대우를 받기 위해서, 또 전통적인 성지를 존중받기 위해서 길고 긴 투쟁을 벌여 왔다. 오스트레일리아 원주민 아난구족은 2019년에 큰 승리를 거두었다. 아난구족의 성지인 '울루루'에 관광객이 오르지 못하도록 하는 데 오스트레일리아 정부가 동의했던 것이다. '울루루'는 사막에 있는 거대한 바위산으로, '에어즈 록'이라고도 한다.

사실은!

제2차 세계 대전이 민권 운동에 불을 붙였다.
전쟁 동안 120만 명 정도의 아프리카계 미국인들이 따로 편성된 부대에 복무하면서 눈부신 활약을 했다. 터스키기 육군 항공대 장병들은 1578번이나 작전을 수행했고 적기 216대를 격추했으며 훈장을 850개나 받았다. 나치 독일의 인종 차별을 끝내려고 싸웠던 아프리카계 미국인들에게는 고국에 돌아와서 당하는 인종 차별이 더 잔인하게 느껴졌다.

41% 전기를 사용하지 못함
58% 집은 흙바닥임
64% 상수도가 없음
66% 집에 화장실이 없음

인도의 지정 카스트

인도 힌두교의 카스트 제도는 사람들을 4계층으로 구분한다. '달리트'는 카스트의 어느 계층에도 속하지 못하는 사람들이다. 오랜 역사 동안 열등한 존재로 여겨졌고, 가장 좋지 않은 일자리밖에 가질 수가 없었으며, 카스트 계층 사람들하고는 만날 수도 없었다. 1949년에 법으로 금지했지만 차별은 여전히 계속되고 있다. 인도 정부는 '달리트'를 '지정 카스트'로 정해 사회 적응을 돕고 있다. 2011년 처음으로 실시된 카스트 인구 조사에 따르면 인도에는 2억 명이 넘는 달리트가 살고 있으며, 여전히 많은 사람들이 가난에 시달리고 있다.

세상을 바꾼 인물

넬슨 만델라
남아프리카 공화국의 대통령,
1994~1999년 재임

넬슨 만델라는 아파르트헤이트를 끝내기 위해 민권 운동에 참여했다. 아파르트헤이트는 남아프리카 공화국 정부가 유색인종을 차별했던 정책이었다. 반정부 투쟁으로 감옥에서 27년을 보내며 민권 운동의 상징이 되었다. 아파르트헤이트 정책이 철폐된 후 감옥에서 풀려나 남아프리카 공화국 최초의 흑인 대통령이 되었다.

" 꿈이 이루어지는 데 필요하다면, 목숨을 바칠 준비도 되어 있습니다. "

성 소수자의 권리

성 소수자의 권리를 요구하는 민권 운동은 1970년대에 시작되었다. 몇 년이 지난 후 서유럽에서 많은 발전이 있었고, 성 소수자가 사랑하고 결혼하며 아이를 입양할 수 있는 권리가 합법화되었다. 해마다 세계 곳곳의 많은 도시에서 성 소수자의 자유를 선언하고 아직도 인정받지 못한 권리가 무엇인지 널리 알리는 행사가 열리고 있다.

45

새로운 갈등, 새로운 희망

20세기가 저물면서 지난 어느 때보다 전 세계 사람들의 거리가 가까워졌다. 그러나 아직도 민족과 종교가 다르다는 이유로 많은 사람들이 갈라선 채, 영토와 자원을 차지하기 위해 싸우고 있다. 21세기가 시작되면서 사람들은 힘겨운 경제 상황과 점점 다가오는 환경 문제에 두려움을 느끼게 되었다. 이런 어려운 상황을 맞아, 새로운 개척자들이 등장하여 미래를 여는 새로운 가능성을 보여주고 있다.

9·11 사건과 테러리즘

2001년 9월 11일, 미국에서 연쇄 테러 사건이 발생하여 2977명이 사망했다. 이날 이슬람 극단주의 집단 알카에다와 관련된 테러 조직이 4차례나 테러를 감행했다.

테러 조직은 비행기를 세계 무역 센터의 쌍둥이 건물에 충돌시켰고, 건물은 둘 다 무너져 내렸다. 미국의 조지 부시 대통령은 '테러와의 전쟁'을 선포했다. 이밖에도 크고 작은 테러가 21세기에 들어 일어났다.

도움말 주신 전문가: 제프 월렌펠트 함께 보아요: 종교, 5권 22~23쪽; 여성의 참정권, 7권 32~33쪽; 민권, 7권 44~45쪽; 도시, 8권 20~21쪽; 환경 문제, 8권 32~33쪽; 기후 변화의 결과, 8권 38~39쪽; 기후 변화를 멈춰라, 8권 40~41쪽

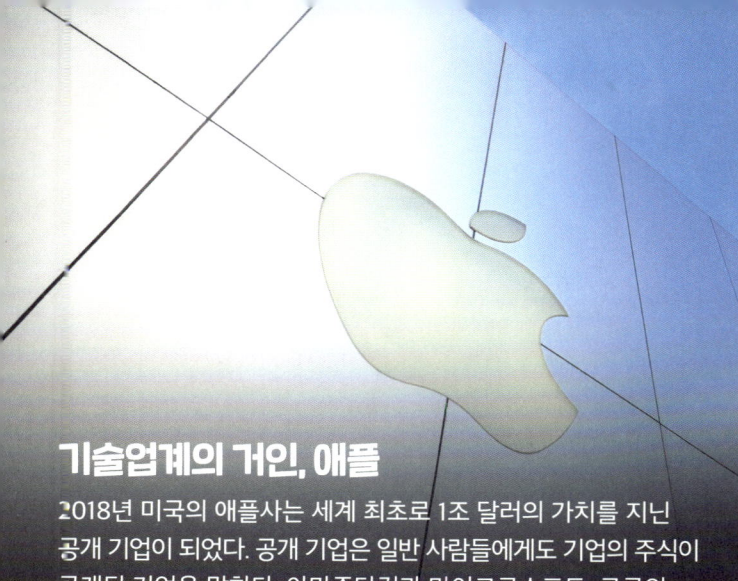

기술업계의 거인, 애플

2018년 미국의 애플사는 세계 최초로 1조 달러의 가치를 지닌 공개 기업이 되었다. 공개 기업은 일반 사람들에게도 기업의 주식이 공개된 기업을 말한다. 아마존닷컴과 마이크로소프트, 구글의 모회사인 알파벳이 뒤를 따랐다. 이 놀랄만한 사건을 계기로, 몇몇 기업의 영향력이 점점 커졌다. 어떤 기업은 여러 작은 국가보다 재산이 많고, 영향력도 크다. 정치와 사회의 변화를 원하는 운동가들은 이런 큰 기업들이 인권이나 사생활 보호와 같은 민권 문제를 해결하기 위해 나서야 한다고 주장하고 있다.

목소리를 내다

파키스탄에서 이슬람 극단주의 단체 탈레반은 여자 어린이들이 학교에 가는 것을 금지했다. 파키스탄 북부 스와트에서 태어난 말랄라 유사프자이는 11살이 되던 해에 탈레반이 파키스탄을 점령하여 학교에 갈 수 없게 되자 블로그에 글을 썼다. 15살이 되었을 때 탈레반 대원이 말랄라의 입을 다물게 하겠다고 머리에 총을 쏘았다. 말랄라는 살아남아 여성 교육 운동가가 되었고, 2014년에 노벨 평화상을 받았다.

사실은!

2050년이 되면 세계 인구의 3분의 2가 넘는 사람들이 도시에 살고 있을 것이다. 2030년이 되면 인구 1000만 명이 넘는 거대 도시가 40곳을 넘어설 것이다. 일본의 수도 도쿄를 중심으로 하는 도쿄 도시권에는 약 3800만 명이 살고 있는데, 캐나다의 인구와 거의 비슷하다. 도시에는 장점이 많다. 사람들이 함께 모여서 살면 상수도와 전기, 학교나 교통과 같은 기본적인 시설을 더 효율적으로 이용할 수 있다. 그러나 도시가 급속하게 성장하면 인구 밀도가 지나치게 높아지고, 전염병이 유행하게 될 가능성도 커진다.

더 푸르게

나무를 무분별하게 베어내어 숲이 파괴되면 동물들은 살 곳을 잃게 되고, 지구 온난화의 큰 원인이 된다. 21세기 들어 많은 나라가 숲을 되살리려고 노력하기 시작했다. 나무를 심어 숲을 다시 만드는 것이다. 2019년 7월에는 에티오피아 사람들이 힘을 합쳐 단 12시간 만에 묘목 3억 5000만 그루를 심었다.

세계의 나라

국제 연합에는 193개 나라가 회원으로 가입해 있다.
회원국의 수는 앞으로 바뀔 수도 있다. 다른 나라들이 그랬던 것처럼,
새로 독립하기 위해 노력하는 나라들도 있기 때문이다.
독립 국가로 인정받는 일은 매우 복잡하다. 어떤 나라의 이름이나
영토에 대해서 다른 의견을 갖고 있는 나라도 있기 때문이다.
1945년에 설립된 국제 연합은 '유엔'이라고도 하며,
세계의 평화와 안전을 유지하고 인권과 자유를 지키기 위한 일을 한다.

북아메리카
23개 나라가 있다. 캐나다처럼 넓은 나라에서부터 카리브해 지역의 세인트키츠네비스처럼 아주 작은 나라도 있다.

카리브해 지역
북아메리카의 일부인 카리브해 지역에는 섬 수천 개와 13개 나라가 있다. 국제 연합이 '속령'으로 분류한 지역이 12곳 있는데, 속령은 아직 다른 나라의 지배나 통치를 받는 곳을 뜻한다.

남아메리카
12개 나라가 있다. 대륙 인구의 절반이 브라질에 산다.

도움말 주신 전문가: 제레미 크램튼 **함께 보아요:** 신항로 개척, 7권 12~13쪽; 새로운 제국, 7권 18~19쪽; 혁명의 시대, 7권 24~25쪽; 제2차 세계 대전, 7권 38~39쪽; 식민지의 독립, 7권 42~43쪽

전문가에게 물어봐!

신디 어머스
역사학자

선생님 분야에서 깜짝 놀랄 만한 일이 있다면 무엇일까요?
역사에는 놀라운 일들이 정말 많아요! 예를 들어 튀코 브라헤라는 유명한 과학자가 결투하다가 코를 잃어서 그 후 평생 인조 코를 달고 다녔다는 거, 몰랐죠?

일하시면서 어떤 즐거움이 있나요?
역사학자가 되면 참 재미있어요. 탐정이 되는 것과 정말 비슷하거든요. 오래된 편지, 일기, 책과 신문, 온갖 물건과 같은 자료에서 모은 증거들을 조합해서 과거에 무슨 일이 있었는지를 알아내야 하니까요. 또 옛날에 일어났던 엄청난 일들에 대해서도 알게 되고요. 역사 연구는 중요한 일이에요. 어떻게 우리가 오늘날 이렇게 살게 되었는지 알려주는 것이 역사이기 때문이지요. 역사에는 우리가 미래에 적용해야 할 중요한 교훈들이 아주 많아요.

에트나 딩카
역사학자

선생님은 어떤 분야를 연구하세요?
아프리카의 역사를 연구해요. 특히 현대 국가의 경제·사회·정치가 형성된 역사적 과정을 연구하지요. 주로 에티오피아 제국의 성립과 유지, 그리고 에티오피아 제국이 아프리카 역사에서 차지하는 위치에 집중해서 연구하고 있어요. 인류의 역사를 더 잘 이해하는 데 매우 큰 도움이 되는 중요한 주제들이랍니다.

일하시면서 어떤 점이 좋으세요?
역사학자는 현재가 어떻게 이런 모습이 되었는지 관찰하고, 과거가 어떤 모습이었는지 설명할 수 있어서 정말 재미있어요. 역사학자가 과거와 현재의 다리 역할을 하려면 힘들게 일하고, 철저하게 끊임없이 조사해야 해요. 이 모든 게 정말 좋아요.

테이미야 자만
역사학자

가장 발견하고 싶은 것은 무엇인가요?
나는 옛날 사람들이 쓴 글을 읽는 걸 참 좋아하지만, 보통 글을 쓰는 건 권력이 있고 교육받은 사람만 할 수 있는 일이었어요. 그래서 자기 자신에 관해 쓸 수가 없었던 사람들의 삶을 연구하는 데 관심이 있어요. 책을 남기는 대신 구전 이야기를 손자들에게 전해준 여성들도 있고, 100년 된 바느질 이불이 대대로 내려오는 집안도 있고, 아무것도 남기지 않았지만 다른 사람의 책에 한두 줄 나와서 그런 사람도 존재했구나 하는 것만 알 수 있는 경우도 있어요.

선생님 분야에서 깜짝 놀랄 만한 일이 있다면 무엇일까요?
예상하지 못한 대목에서 과거의 인물에게 공감하게 되는 때가 있어요. 내가 제일 좋아하는 역사 속 인물 중에 무굴 제국을 세운

바부르 황제가 있어요. 여행하다가 향수병에 걸리고, 첫사랑 때문에 쩔쩔매고, 시를 잘 못 썼다고 다른 사람을 비판했던 사람이었지요. 동시에 고작 12세 때 왕위에 올랐고, 10대의 나이로 군대에 명령을 내렸으며, 다스리는 백성들이 자신을 신으로 여기는 세상에 살았던 사람이지요.

퀴즈

1) 에티오피아의 그리스도교 신자 왕들의 조상으로, 성경에 나오는 인물은 누구인가요?
   - ㄱ. 모세
   - ㄴ. 솔로몬
   - ㄷ. 다윗
   - ㄹ. 아브라함

2) 아샨티 왕국은 처음에 아프리카의 어느 나라에 있었나요?
   - ㄱ. 말리
   - ㄴ. 모로코
   - ㄷ. 가나
   - ㄹ. 탄자니아

3) 필리핀의 원주민과 싸우다가 사망한 유럽의 탐험가는 누구인가요?
   - ㄱ. 페르디난드 마젤란
   - ㄴ. 크리스토퍼 콜럼버스
   - ㄷ. 에르난 코르테스
   - ㄹ. 프란시스코 피사로

4) '코이누르는 인도의 유명한 ____이다.'에서 빈칸에 알맞은 말은 무엇일까요?
   - ㄱ. 다이아몬드
   - ㄴ. 궁전
   - ㄷ. 동상
   - ㄹ. 모스크

5) 무굴 제국에서 타지마할을 건설하라는 명령을 내린 황제는 누구인가요?
   - ㄱ. 아크바르 대제
   - ㄴ. 바부르 황제
   - ㄷ. 샤 자한 황제
   - ㄹ. 자한기르 황제

6) 인도의 무굴 제국은 17세기에 세계에서 가장 융성한 나라였어요. 무굴 제국 아크바르 대제의 군대에서 중요하게 쓰인 동물은 무엇일까요?
   - ㄱ. 코끼리
   - ㄴ. 호랑이
   - ㄷ. 사자
   - ㄹ. 코뿔소

7) 영국의 개척민들이 처음으로 매사추세츠의 플리머스에 갈 때 타고 간 유명한 배의 이름은 무엇인가요?
   - ㄱ. 골든 힌드
   - ㄴ. 커티 삭
   - ㄷ. 메이플라워
   - ㄹ. 플라워 팟

8) 혁명은 무엇인가 잘못된 것을 근본적으로 바로잡으려고 많은 사람들이 나서는 것을 말해요. 18세기에서 19세기에 걸쳐서 일어난 시민 혁명이 아닌 것은 무엇일까요?
   - ㄱ. 왕과 귀족의 권력에 대항한 프랑스 혁명
   - ㄴ. 영국의 지배에서 독립한 미국의 독립 혁명
   - ㄷ. 군주의 권력을 강화하기 위한 일본의 메이지 유신
   - ㄹ. 아프리카 노예들이 일으킨 아이티 혁명

9) 세계 최초의 흑인 독립 공화국은 어디인가요?
   - ㄱ. 브라질
   - ㄴ. 라이베리아
   - ㄷ. 케냐
   - ㄹ. 아이티

10) 1816년 프랑스의 의사 르네 라에네크가 세계 최초로 발명한 것은 무엇인가요?
    - ㄱ. 청진기
    - ㄴ. 주사기
    - ㄷ. 마취제
    - ㄹ. 코골음 방지 장치

11) 제1차 세계 대전 때의 활약으로 프랑스의 십자 무공 훈장을 받은 동물은 다음 중 무엇인가요?
    - ㄱ. 개
    - ㄴ. 비둘기
    - ㄷ. 코끼리
    - ㄹ. 말

12) 여성에게 세계 최초로 선거권을 부여한 나라는 어디인가요?
    - ㄱ. 멕시코
    - ㄴ. 독일
    - ㄷ. 뉴질랜드
    - ㄹ. 일본

13) 월트 디즈니의 미키 마우스가 처음 등장한 영화는 무엇인가요?
    - ㄱ. 생일 파티
    - ㄴ. 증기선 윌리
    - ㄷ. 마술사 미키
    - ㄹ. 미키 마우스 씨의 여행

14) 2018년에 최초로 1조 달러가 넘는 가치를 지니게 된 회사는 어디인가요?
    - ㄱ. 마이크로소프트
    - ㄴ. 애플
    - ㄷ. 페이스북
    - ㄹ. 아마존닷컴

정답: 1) ㄴ, 2) ㄷ, 3) ㄱ, 4) ㄱ, 5) ㄷ, 6) ㄱ, 7) ㄷ, 8) ㄷ, 9) ㄹ, 10) ㄱ, 11) ㄴ, 12) ㄷ, 13) ㄴ, 14) ㄴ

낱말 풀이

개종
다른 종교로 바꾸어 믿는 것.

경제
인간의 생활에 필요한 물건이나 일을 만들어내고 소비하는 모든 활동.

계몽주의 시대
1700년대 유럽에서 시작된, 이성·논리·과학으로 사회와 정치의 문제를 해결하려고 했던 사상이 널리 퍼졌던 시기.

계층
어떤 사람이나 사물을 다른 사람이나 사물보다 더 높거나 중요한 위치에 두는 것. 인간 조직에서는 보통 높은 계층에 있는 사람이 아래 계층 사람들을 통제한다.

공산주의
나라를 운영하는 한 방식. 공장이나 땅을 개인이 아닌 사회 전체 또는 나라가 소유하고, 만들어낸 재산이나 이윤은 함께 나누는 것이 원칙이다.

국가주의
정치적인 사상의 하나. 보통 자신의 국가 또는 국민에 강한 애착을 가진다.

군주제
보통 왕이나 황제 같은 왕족이 대를 이어 통치하는 제도.

극단주의
특히 정치나 종교에 대하여, 생각이나 행동이 지나치게 한쪽으로 치우치는 태도나 사상.

냉전
경쟁적으로 강력한 무기를 개발하지만 실제로 전쟁이 발발하지는 않았던 시기. 2차 세계 대전이 끝난 1945년부터 소련이 몰락한 1991년까지의 기간으로, 소련이 이끄는 공산주의 국가들과 미국이 이끄는 민주주의 국가들 사이의 경쟁과 핵전쟁 위협이 계속되던 시기를 말한다.

독립
어떤 사람, 나라, 영토가 다른 사람이나 나라의 지배에서 벗어나 스스로 다스릴 수 있게 되는 것.

독재자
권력에 아무 제한도 받지 않고 나라를 통치하는 사람.

르네상스
유럽 역사에서 1300~1500년에 일어난 문예 부흥 운동. 예술과 사상이 크게 발전한 시기로, 고대 그리스와 로마에 관한 관심이 새롭게 커진 것도 르네상스가 일어난 큰 이유 중 하나였다.

무역상
주로 외국과 상품을 사고파는 교역을 하는 상인.

민권
차별을 받지 않을 권리와 사회적인 자유를 누릴 수 있는 권리. 폭넓게 투표권과 같은 정치적인 권리를 포함하기도 한다.

민족성
문화와 역사를 함께 누렸던 어떤 민족이 지닌 특징.

민주주의
정부의 한 형태로, 자격을 갖춘 국민 모두에게 선거권이 주어져서 정치적 지도자를 뽑도록 하는 사상이나 제도.

분리 정책
특히 법을 이용하여 인종이 다른 사람들을 분리하여 차별하는 정책.

사회주의
모든 재산을 사회의 소유로 하여 자본주의에서 발생하는 문제점을 해결하려고 하는 사상이나 제도.

선교사
어느 종교를 널리 전도하는 사람.

성 소수자
동성애자, 양성애자, 성전환자 등 성적 정체성이 전통적인 이성애자와는 다른 사람들을 모두 일컫는 일반적인 용어.

소련
'소비에트 사회주의 공화국 연방', 또는 '소비에트 연방'의 준말. 유럽과 아시아 대륙의 북쪽에 걸쳐 있었으며, 1917년 러시아 제국이 멸망한 후 1922년에 세워져 1991년에 냉전이 끝나면서 무너졌다.

식민지
정치·경제적으로 다른 나라의 지배를 받는 지역이나 나라. 많은 식민지를 갖고 있는 나라를 '제국'이라고 부르기도 한다.

신학
종교에 대한 연구, 특히 그리스도교 교회 안에서 철학적, 종교적인 질문을 연구하는 학문.

운동가
어떤 목적, 주로 정치·사회적인 목적을 이루기 위해 힘쓰고 행동하는 사람. '활동가'라고도 할 수 있다.

원주민
어떤 지역에 원래 거주하던 사람들.

인종 차별
차별의 한 형태로, 인종이 다르다는 이유로 권리를 덜 주는 식으로 다르게 대하는 것.

자본주의
자본을 가진 사람이 이윤을 만들기 위해 활동하는 것을 보장하는 사상이나 제도.

조약
둘 또는 그 이상의 나라 사이에서, 또는 어떤 나라와 어떤 정치적인 집단 사이에서 맺는 법적인 협정.

참정권
나라의 정치적인 선거에 참여할 수 있는 권리.

폐지
어떤 것을 멈추거나 취소하는 것, 특히 노예 제도를 금지하는 것. 미국의 노예 제도는 1865년에 폐지되었다.

혁명
보통 폭력이나 반란으로 정부가 갑작스럽게 바뀌는 것.

찾아보기

ㄱ
가가린, 유리 41
가마, 바스쿠 다 13
가미카제 38
가부키 17
가톨릭교 18, 19
간디, 마하트마 42
개인주의 25
거대 도시 47
검은 수염 21
계몽 25
그르바초프, 미하일 41
공산주의 34~35, 40, 41
공장 28, 34, 37
궁중전 31, 39
공포 정치 25
과테말라 10
광란의 1920년대 36
국제 연합(유엔) 48
굴바단 베굼 15
귀신 17
극장 17
글라스노스트 41
금 6, 7, 18
금주법 36
금지 36

ㄴ
나가사키 17, 39
나치 37, 38
남아메리카 48
남아프리카 45
내연 기관 29
냉전 40~41
네덜란드 16, 33, 42, 43
노예 무역 22~23
노예 해방론자 23
노팅힐 축제 42
누나부트 13
누르 자한 15
뉴질랜드 13, 33

ㄷ
다도 16
다이묘 16
단두대 25
단순한 일 29
달리트 45

달에 착륙 41
대공황 36, 37
대량 생산 29, 36
대포 31
대학살 38
덩샤오핑 35
데살린, 장 자크 25
도자기 17
독립운동 42
독일 30, 31, 33, 37, 38, 39, 41
디즈니 37

ㄹ
라마 10
라에네크, 르네 26
라오스 35
라이트 형제 29
라파엘로 9
랄리벨라의 암굴 교회 7
러시아 30, 33
러시아 내전 35
레닌, 블라디미르 35
레이우엔훅, 안톤 판 26
롤프, 존 21
뢴트겐, 빌헬름 콘라트 27
루이스, 존 44
류큐 왕국 16
르네상스 8~9
리스터, 조셉 26
린드버그, 찰스 37
링컨, 에이브러햄 23

ㅁ
마르크스, 카를 34
마오쩌둥 35
마젤란, 페르디난드 13
마취 26
마틴 루터 킹 목사 44
만델라, 넬슨 45
만사 무사 6
말리 제국 6, 7
메이플라워 20
메카 6
멕시코 10, 13, 33
모스, 새뮤얼 29
목테수마 II 18
무굴 제국 14~15
무분별한 나무 베기 47

무솔리니, 베니토 37
무역 6, 12, 17, 21, 22
뭄타즈 마할 14
미국 23, 24, 28, 30, 32, 33, 36, 37, 38, 39, 40, 41, 44~45, 46
미국 독립 혁명 24
민권 운동 44, 45
민주주의 25

ㅂ
바르샤바 조약기구 41
바부르 황제 14
바티스타, 풀헨시오 35
방부제 26
방적기 29
백신 26, 27
베네수엘라 25
베를린 장벽 41
베살리우스, 안드레아스 26
베스푸치, 아메리고 19
베트남 33, 35, 43
베트남 전쟁 41
벤츠, 카를 29
벨, 알렉산더 그레이엄 29
보스턴 차 사건 24
볼리바르, 시몬 25
볼리비아 18, 25
볼셰비키 35
북아메리카 20~21, 48
북한 35, 41
분업 29
불가리아 30
브라운, 루이스 27
브라운, 헨리 23
브라질 13, 22, 23
블런델, 제임스 26
블레이크, 유진 카슨 44
비폭력 시위 42, 44
비행기 29, 37, 38
빅 베르타 31
빅토리아 여왕 14

ㅅ
사무라이 16, 17
사회 계급 16
사회주의 34
산업 혁명 28~29

삼차원 인쇄 27
샤 자한 14
선거권 32~33, 44
선교원 19
성 소수자의 권리 45
세균설 27
세밀화 15
세속주의 25
소련의 상징 35
소비에트 연방(소련) 35, 38, 39, 40, 41
쇄국 정책 16, 17
수술 26, 27
수혈 26
스페인 18~19, 33
시험관 아기 27
식민지의 13, 14, 18~21, 24, 42, 43
식민지의 독립 42~43
신여성 36
신항로 개척 시대 12~13
심장 26
십자 무공 훈장 31

ㅇ
아리스토텔레스 9
아베로에스 9
아샨티 왕국 6, 7
아시아 49
아우랑제브 15
아이티 혁명 23, 25
아즈텍 10~11, 18
아즈텍 달력 11
아파르트헤이트 45
아프가, 버지니아 27
아프가 점수 27
아프리카 6~7, 43, 49
아프리카계 미국인 44~45
악바르 대제 15
알메이다, 준 27
알제리 43
알카에다 46
암스트롱, 닐 41
애플 47
얀춘, 빌렘 13
어린이 노동자 28
에도 시대의 일본 16~17
에이즈 27

에콰도르 10, 25, 33
에티오피아 6, 7, 33, 47
엑스선 27, 31
엘 카미노 레알 (왕의 길) 19
여성 9, 15, 32~33, 36, 129
여성 참정권 32~33
영국 14, 20, 21, 24, 28, 30, 31, 32, 33, 38, 42
영토 분쟁 21
영화 37
예술 8~9, 15, 18
오세아니아 49
오스만 제국 30
오스트레일리아 13, 33, 45, 49
오스트리아-헝가리 30
오염 29
온도계 26
와트, 제임스 29
우주 경쟁 41
울루루(에어즈 록) 45
워싱턴, 조지 24
원자 폭탄 39
원주민 21
유럽 49
유럽 연합 49
유보트 31
유사프자이, 말랄라 47
은화 18
의학 26~27
이탈리아 37, 38
이프르 전투 30
인도 13, 14~15, 33, 42, 45
인도네시아 42, 43
인유두종 바이러스 백신 27
인종 분리법 44, 45
인체 면역 결핍 바이러스 27
일본 16~17, 33, 38, 39, 47
잉카 10

ㅈ
자동차 29
자본(칼 마르크스) 34
자본주의 34, 35, 41
자석 나침반 12
잠수함 31, 38
장군 16
장기 이식 27
재즈 시대 36

전격전 38
전구 29
전기 29
전령 비둘기 31
전신 29
전체주의 37
전화기 29
정화 제독 12
제너, 에드워드 26
제브 운 니사 15
제1차 세계 대전 30~31, 337
제2차 세계 대전 37, 38~39, 45
주사기 26
중간 항로 22
중국 12, 16, 33, 35, 38, 40, 41, 49
증기 28, 29
지구 온난화 29, 47
지하 철도 23
진주만 39
질병 18, 22, 27

ㅊ
차별 29, 44~45
참정권 32~33
참호 전투 30
천연두 18, 26
철모 31
청교도 20
청진기 26
체코슬로바키아 41
칠레 10

ㅋ
카네기, 앤드루 29
카리브해 48
카보토, 지오반니 13
카브랄, 페드로 알바레스 13
카스트로, 피델 35
카스트 제도 45
캉브레 전투 31
캐나다 21, 33
캐퍼닉, 콜린 44
켄테 천 7
코끼리 15
코로나바이러스 27
코르도바, 후안 데 23
코르테스, 에르난 10, 13, 18
코이누르 14

코흐, 로베르트 27
콜럼버스, 크리스토퍼 13
콜롬비아 10, 25
쿠바 미사일 위기 40
쿠바 혁명 35
키푸 10

ㅌ
타스만, 아벌 13
타지마할 14
탈레반 47
탱크 31, 39
터스키기 육군 항공대 45
테노치티틀란 10
테러 46
테레시코바, 발렌티나 41
토르데시야스 조약 18
통치자 10, 18
투생 루베르튀르 25
팀북투 6

ㅍ
파나마 25
파렌하이트, 다니엘 가브리엘 26
파스퇴르, 루이 27
파시즘 37
파키스탄 15, 33, 42, 47
판다 41
패러데이, 마이클 29
페니실린 27
페레스트로이카 41
페루 25
평등주의 25
포르투갈 18, 19, 33
포셋, 밀리센트 33
포카혼타스 21
폭격 38, 39
풀라니족 7
프랑스 20, 21, 25, 30, 31, 33, 38, 42, 43
프랑스 혁명 25
프랭클린, 로잘린드 27
프랭클린, 존 13
프렌치 인디언 전쟁 21
프린스턴 전투 24
프린츠, 요아킴 44
플라톤 9
플레밍, 알렉산더 27

피타고라스 9
핀란드 38
필리핀 13

ㅎ
하비, 윌리엄 26
할리우드 37
합리주의 25
항공 모함 31
항생 물질 27
해방 선언 23
해부학 26
해적 21
핵 대피소 40
핵무기 39, 40
핵 축구공 40
헝가리 혁명 41
혁명 23, 24~25, 35
현미경 26
호찌민 35
호황과 불황 기간 36~37
화폐 42
화학무기 30
후천성 면역 결핍증(에이즈) 27
히로시마 39
히틀러, 아돌프 37, 38

ABC
DNA 27
X선(엑스선) 27, 31

123
6·25 전쟁 41
8레알 은화 18
9·11 테러 46

참고한 자료

이 책은 여러 단계를 거쳐서 편찬되었습니다. 글쓴이는 하나하나의 주제마다 믿을 만한 자료를 참고하여 글을 썼습니다. 편집자는 글 속에 인용된 정보에 잘못은 없는지 다른 자료와 대조하며 낱낱이 확인했습니다. 다음에는 분야별 전문가가 내용이 정확한지 감수했습니다. 한국의 옮긴이와 편집자는 원래 영어로 펴낸 이 책의 관점과 표현이 한국의 어린이들에게 적절한지 살펴보면서 내용과 문장을 다듬었습니다. 그 과정에서 참고한 자료는 이 책에 담지 못할 만큼 많습니다. 그중에서 주요 자료를 추려서 아래에 밝힙니다.

p.6-7 Asante Gold, www.vam.ac.uk; Sansom, Ian, Dynasties Great of the World: The Ethiopian Royal Family, www.theguardian.com; Wrapped in Pride, www.africa.si.edu. **p.8-9** Campbell, Gordon. The Oxford Illustrated History of the Renaissance. (Oxford, UK: Oxford University Press, 2019); Paoletti, John T. and Gary M. Radke. Art in Renaissance Italy. (London: Pearson, 2011). **p.10-11** Anderson, Maria. 5 Reasons the Inka Road is one of the Greatest Achievements in Engineering, www.insider.si.edu; Cossins, Daniel. We thought the Incas couldn't write. These knots change everything, www.newscientist.com; Heilbrun Timeline of Art History. Tenochtitlan, www.metmuseum.org; Mavrakis, Emily. Ominous new interpretation of Aztec sun stone, www.floridamuseum.ufl.edu; **p.12-13** Fernandez-Armesto, Felipe. Pathfinders: A Global History. (New York: W.W. Norton & Co.: 2006); Worall, Simon. How the Discovery of Two Lost Ships Solved an Arctic Mystery, www.nationalgeographic.com; Zheng He, exploration.marinersmuseum.org; **p.14-15** Boissoneault, Lorraine. The True Story of the Koh-i-Noor Diamond And Why the British Won't Give It Back, www.smithsonianmag.com; Taj Mahal Architecture with Design and Layout, www.tajmahalinagra.com. **p.16-17** Gordon, Andrew. A Modern History of Japan. (Oxford, UK: Oxford University Press, 2019); Kabuki Actors: Masterpieces of Japanese Woodblock Prints from the Collection of the Art Institute of Chicago. 1988, www.artic.edu. **p.18-19** Machemer, Theresa. Spanish Conquistadors Stole This Gold Bar From Aztec Emperor Moctezuma's Trove. www.smithsonianmag.com; Pringle, Heather. How Europeans Brought Sickness to the New World, sciencemag.org; Townsend, Camilla. Fifth Sun: A New History of the Aztecs. (New York: Oxford University Press, 2020). **p.20-21** French and Indian War/Seven Years War 1754-63, www.history.state.gov; The Mayflower Story, www.mayflower400uk.org; The Pocahontas Archive, www.digital.lib.lehigh.edu; **p.22-23** Hochschild, Adam. Bury the Chains: the British Struggle to Abolish Slavery. (London: Macmillan, 2005); Slavery and Freedom, www.nmaahc.si.edu; Thomas, Hugh. The Slave Trade. (London: Weidenfeld & Nicolson, 2015). **p.24-25** Boston Tea Party History, www.bostonteapartyship.com; Stanford Encyclopaedia of Philosophy, Enlightenment, www.plato.stanford.edu; Touissant Louverture, www.slaveryandremembrance.org. **p.26-27** Dorling Kindersley, ed. Medicine: The Definitive Illustrated History. (London: DK Publishing, 2016); Hajar, Rachel MD. History of Medicine Timeline, www.ncbi.nlm.nih.gov; Hernandez, Victoria. Photograph 51, by Rosalind Franklin, www.embryo.asu.edu. **p.28-29** Stearns, Peter N. The Industrial Revolution in World History. (New York: Routledge, 2018) Weightman, Gavin. The Industrial Revolutionaries. (New York: Grove Press, 2007) **p.30-31** Cher Ami, www.americanhistory.si.edu; First World War, www.iwm.org.uk; Gregory, Adrian. The Last Great War: British Society and the First World War. (Cambridge, UK: Cambridge University Press, 2008); Howard, Michael. The First World War. (Oxford, UK: Oxford University Press: 2002); Medicine in the First World War, www.kumc.edu **p.32-33** Neuman, Joanna. And Yet They Persisted. (Hoboken, NJ, US: Wiley-Blackwell, 2020); Women and the Vote, www.parliament.uk. **p.34-35** Chang, Jung and John Halliday. Mao. (New York: Knopf, 2005); Sperber, Jonathan. Karl Marx, A Nineteenth Century Life. (New York: Liveright Publishing Corporation, 2013). **p.36-37** Walt Disney, moma.org; Spivack, Emily. The History of the Flapper, www.smithsonianmag.com; Taylor Redd, Nola. Charles Lindbergh and the First Solo Transatlantic Flight, www.space.com. **p.38-39** Carter, Ian. The German Lightning War Strategy of the Second World War, www.iwm.org.uk; Holmes, Richard, ed. World War II The Definitive Visual Guide. (London: DK Publishing, 2009); Life in Shadows: Hidden Children and the Holocaust, www.ushmm.org **p.40-41** Why China Rents Out Its Pandas, www.economist.com; Soviet Invasion of Czechoslovakia, www.history.state.gov; The Soviet Space Program, www.nationalcoldwarexhibition.org. **p.42-43** Kennedy, Dane Keith. Decolonization. (Oxford, UK: Oxford University Press, 2016); Shipway, Martin. Decolonization and Its Impact. (Malden, MA, US: Blackwell, 2008) **p.44-45** Conwill, Kinshasha Holman, ed. Dream a World Anew (Washington, DC: Smithsonian Books, 2016); Sampson, Anthony. Mandela. (New York: Vintage Editions, 2000); Sorry Rocks, www.environment.gov.au. **p.46-47** Malala's Story, www.malala.org; Regan, Helen. Ethiopia plants more than 350 million trees in 12 hours. www.edition.cnn.com. **p.48-49** Countries, www.europa.eu; Member Countries, thecommonwealth.org; Member States, www.un.org.

사진과 이미지 출처

이 책에 사진과 이미지를 싣도록 허락해 주신 분들께 감사의 말씀을 드립니다. 사용한 사진과 이미지의 출처를 명확하게 밝히기 위해서 최선을 다했습니다만, 혹시라도 잘못 표기했거나 빠뜨린 부분이 있다면 너른 이해를 부탁드립니다. 다음 판에서 바로잡도록 하겠습니다.

위치 표시 : 위(t), 아래(b), 왼쪽(l), 오른쪽(r), 가운데(c)

p.4 istock/Keith Lance; **p.6tr** JORDI CAMI/ Alamy; **p.7cr** Edwin Remsberg/ Visual & Written/Superstock; **p.7bl** MyLoupe/Getty; **p.7br** Heritage Image Partnership Ltd/Alamy; **p.8-9** Wikimedia Commons; **p.10cl** Lanmas/ Alamy; **p.10bl** Katya Palladina/Stockimo/ Alamy; **p.11** Lucas Vallecillos/age fotostock/ Superstock; **p.12c** istock/artisteer; **p.13tc** Wikimedia Commons; **p.13cr** Image courtesy of Lorenzo Veracini; **p.13bl** Print Collector/ Getty; **p.14tc** 123rf.com/thelightwriter; **p.14b** istock/somchaisom/Dreamstime/ Cbaumg; **p.15tl** IndiaPicture/Alamy; **p.15cl** The Granger Collection/Alamy; **p.15cr** Granger Historical Picture Archive/Alamy; **p16** istock/ MrsWilkins; **p.17tl** Christie's Images Ltd/ Superstock; **p.17tr** Historic Collection/Alamy; **p.17cr** Image courtesy of Katsuya Hirano; **p.17bl** DEA/G. DAGLI ORGTI/ Getty; **p.18tr** North Wind Picture Archives/Alamy; **p.18cl** Artokoloro/ Alamy; **p.18cr** istock/mj007; **p.18br** istock/CNuisin; **p.19cl** Pantheon/ Superstock; **p.20b** Mira/Alamy; **p.20tr** North Wind Picture Archives/Alamy; **p.21tl** World History Archive/Superstock; **p.21tr** Historic Collection/Alamy; **p.21br** istock/sharpner; **p.22b** Wikimedia Commons; **p.23tl** The Granger Collection/Alamy; **p.23cr** Image courtesy of Joseph E. Inikori; **p.23bc** Library of Congress; **p.24tr** North Wind Picture Archives/Alamy; **p.24b** Wikimedia Commons; **p.25l** istock/Victor Metelskiy; **p.25l** istock/ vectortatu; **p.25l** istock/bubaone; **p.25l** istock/jamesbenet; **p.25l** istock/ AVIcons; **p.25l** istock/Yuriy Bucharskiy; **p.25bcl** Google Art Project; **p.25cr** istock/ilbusca; **p.25br** Stefano Bianchetti/Getty; **p.26-27** istock/ lushik; **p.26-27** istock/TSUKIYO; **p.26-27** istock/CSA-Archive; **p.26-27** istock/ Barbulat; **p.26-27** istock/pop_jop; **p.26-27** istock/ jamesjames2541; **p.26-27** istock/Panptys; **p.26-27** istock/lushik; **p.26-27** istock/ vectortatu; **p.26-27** istock/Bismillah_bd; **p.26-27** istock/-VICTOR-; **p.26-27** istock/ Enis Aksoy; **p.27tr** istock/Raycat (kidney); **p.28t** World History Archive/Alamy; **p.28br** Science History Images/Alamy; **p.29tcl** North Wind Picture Archives/Alamy; **p.29bcl** istock/supanut piyakanont; **p.29bc** Science History Images/Alamy; **p.29r** istock/filo; **p.29r** istock/eduardrobert; **p.29r** istock/d- l-b; **p.29r** istock/AVIcons; **p.29r** istock/ pepsizi; **p.29r** istock/ GeorgeManga; **p.29r** istock/DmitryLarichev; **p.30tr** World History Archive/ Superstock; **p.31tl** Classic Vision/ age fotostock/Superstock; **p.31c** istock/ solargaria; **p.31cr** Dave Bagnall Collection/ Alamy; **p.31bl** Granger Historical Picture Archive/Alamy; **p.32-33** LSE Library; **p.34** istock/mustafahacalaki (speech bubbles); **p.35tl** istock/Kreatiw; **p.35tcl** Universal Images/ Superstock; **p.35cr** Library of Congress/Getty; **p.35bl** David Pollack/ Getty; **p.36tr** New York Daily News Archive/ Getty; **p.36b** Chronicle/ Alamy; **p.37cl** Allstar Picture Library/Alamy; **p.37cr** istock/ Shams Suleymanova (factory); **p.37cr** istock/Ihor Kashurin (dollar); **p.37bl** World History Archive/Superstock; **p.37br** istock/ leremy (jobs); **p.37br** istock/ bubaone (soup kitchen); **p.38tr** Dreamstime/ Micha Klootwijk; **p.38cl** Bentley Archive/ Popperfoto/Getty; **p.38cr** © The Paul Kendel Fonoroff Collection for Chinese Film Studies, C.V. Starr East Asian Library, University of California, Berkeley; **p.38br** istock/Irina Cheremisinova (submarines); **p.38br** istock/bebuntoon (waves); **p.39bl** World History Archive/ Superstock; **p.39br** Dreamstime/Alexmillos; **p.39br** istock/ supanut piyakanont; **p.39br** istock/pop_jop; **p.39br** istock/grebeshkovmaxim; **p.39br** istock/Maksym Kapliuk; **p.39br** istock/Mai Vu; **p.40tr** Dreamstime/ Vitaly Komorov; **p.40b** Walter Sanders/Getty; **p.41cr** istock/Shunrei; **p.41bcl** Universal Images/Superstock; **p.41br** Sueddeutsche Zeitung Photo/Alamy; **p.42tr** Wikimedia Commons; **p.42cr** Prisma by Dukas Presseagentur GmbH/Alamy; **p.42bl** Wallace Kirkland/Getty; **p.43r** istock/ lukiv007 (compass); **p.43cr** Image courtesy of Robtel Neajai Pailey; **p.43bl** Dominique BERRETTY/ Getty; **p.44c** Robert W. Kelley/Getty; **p.44br** Miami Herald/Getty; **p.45tl** National Archives and Records Administration (NARA); **p.45tr** istock/FiledIMAGE; **p.45cr** istock/supanut piyakanont; **p.45bcl** World History Archive/ Alamy; **p.45br** istock/olga_besnard; **p.46** Stacy Walsh Rosenstock/Alamy; **p.47tl** Dreamstime/Xi Zhang; **p.47cr** Edwin Remsberg/ age fotostock/Superstock; **p.47br** MJ Photography/ Alamy; **p.50** Image courtesy of Cindy Ermus; Image courtesy of Etana H. Dinka; Image courtesy of Taymiya R. Zaman.

이 책을 만든 사람들

글

애비게일 미첼
영국 케임브리지 대학교와 미국 서던캘리포니아 대학교에서 현대사와 중세사를 공부했다. 베트남 전쟁에 관한 책을 썼고, <스콜라스틱 세계 연감>과 같은 여러 책에 글을 썼다.

그림

마크 러플
20년 동안 일러스트레이터와 디자이너로 일했다. 동물과 사람, 과학과 관련된 모든 것을 그림으로 표현하는 것을 좋아한다.

잭 타이트
영국 레스터의 일러스트레이터이자 동화 작가이다. 그림을 그리지 않을 때에는 가까운 야생 동물 보호 지역에서 새를 관찰하는 것을 좋아한다.

옮김

한국백과사전연구소
엔사이클로피디어 브리태니커의 한국 지사인 한국브리태니커회사에서 다양한 백과사전을 만들었던 백과사전 전문가 집단이다. 오랜 경험에 바탕을 둔 '안목'과 '균형'을 바탕으로, 시대에 맞는 새로운 백과사전을 연구하고 만드는 일을 하고 있다.

감수

제레미 크램튼 영국 뉴캐슬어폰타인, 뉴캐슬 대학교
이본느 델 바예 미국 버클리, 캘리포니아 대학교
에타나 딩카 미국 해리슨버그, 제임스매디슨 대학교
브라이언 디그넌 미국 시카고, 엔사이클로피디어 브리태니커
신디 어머스 박사 미국 샌안토니오, 텍사스 대학교 샌안토니오
히라노 카츠야 미국 로스앤젤레스, 캘리포니아 대학교
키스 헉센 미국 뉴올리언스, 국립 제2차 세계 대전 박물관
조지프 이니코리 미국 뉴욕, 로체스터 대학교
마이크 제이 영국 런던, 저술가 겸 의학사 연구자
제인 롱 미국 세일럼, 로아노크 대학
헨리 마르 3세 미국 샌터바버라, 캘리포니아 대학교
롭텔 니자이 페일리 영국 런던, 런던 경제 정치 과학 대학교
마거릿 렁 미국 시카고, 루스벨트 대학교
벤저민 소여 박사 미국 내슈빌, 미들테네시 주립 대학교
로리 앤 터예센 미국 알렉산드리아, 국립 여성 역사 박물관
하비에르 우르시드 미국 월섬, 브랜다이스 대학교
로렌조 베라치니 오스트레일리아 멜번, 스윈번 공과 대학교
로나 보그트 미국 캔자스시티, 국립 제1차 세계 대전 박물관 겸 기념관
제프 윌렌펠트 미국 시카고, 엔사이클로피디어 브리태니커
테이미야 자만 미국 캘리포니아, 샌프란시스코 대학교

BRITANNICA BOOKS

브리태니커 지식 백과 7
변화와 발전의 시대, 근대와 현대

엮음 크리스토퍼 로이드
글 애비게일 미첼
그림 마크 러플, 잭 타이트
옮김 한국백과사전연구소

초판 1쇄 펴낸날 2022년 6월 8일

편집장 한해숙
기획편집 신경아, 한국백과사전연구소
디자인 최성수, 이이환
마케팅 박영준, 한지훈
홍보 정보영, 박소현
경영지원 김효순

펴낸이 조은희
펴낸곳 ㈜한솔수북
출판등록 제2013-000276호
주소 03996 서울시 마포구 월드컵로 96 영훈빌딩 5층
전화 02-2001-5822(편집), 02-2001-5828(영업)
전송 02-2060-0108
전자우편 isoobook@eduhansol.co.kr
블로그 blog.naver.com/hsoobook
인스타그램 soobook2
페이스북 soobook2

ISBN 979-11-7028-955-5, 979-11-7028-948-7(세트)

어린이 제품 안전 특별법에 의한 제품 표시
| 품명 도서 | 사용연령 만 7세 이상 | 제조국 대한민국 | 제조자명 ㈜한솔수북
| 제조연월 2022년 6월

*값은 뒤표지에 있습니다.

BRITANNICA ALL NEW CHILDREN'S ENCYCLOPEDIA

'브리태니커 북스'는 엔사이클로피디어 브리태니커와 왓언어스 출판사가 제휴하여 설립한 임프린트입니다. 이 책은 영국에서 처음 출판되었습니다.

개발 투칸 북스
아트 디렉터·표지 디자인 앤디 포쇼
표지 그림·레터링 저스틴 폴터
표지 이미지 istock /alkir; /petrovv; /Sergey Skieznev
머리말 제이 루버링
감수 제레미 크램튼, 이본느 델 바예, 에타나 딩카, 브라이언 디그난, 신디 어머스, 히라노 카츠야, 키스 헉센, 조지프 이니코리, 마이크 제이, 제인 롱, 헨리 마르 3세, 롭텔 니자이 페일리, 마거릿 렁, 벤저민 소여, 로리 앤 터예센, 하비에르 우르시드, 로렌조 베라치니, 로나 보그트, 제프 월렌펠트, 테이미야 자만

투칸 북스
| 편집장 엘렌 듀폰 | 시니어 디자이너 토마스 킨스 | 시니어 에디터 도로시 스태나드 | 디자이너 테사 바인드러브, 니콜라 어드프레서, 리아 저먼, 일레인 휴슨, 데이브 존스, 리 리치스 | 에디터 존 앤드류스, 줄리 브루크, 캐런 브라운, 앨리시아 도런, 피오나 플로먼, 레이첼 워렌채드 | 어시스턴트 에디터 마이클 클라크 | 에디토리얼 어시스턴트 가브리엘 핸드버그 | 찾아보기 마리 로리머 | 사진 조사 수재너 제이스 | 교정 돌로레스 요크 | 지도, 12·43·48~49쪽 코스모그래픽스

엔사이클로피디어 브리태니커
| 편집 관리 책임 앨리슨 엘드리지 | 시니어 에디터, 철학·법·사회과학 브라이언 디그난 | 시니어 에디터, 천문학·우주 탐사·수학·물리학·컴퓨터·무기 화학 에릭 그레거슨 | 시니어 에디터, 지리학·사하라 이남 아프리카 에이미 매케너 | 어시스턴트 에디터, 식물·환경 과학 멜리사 페트루젤로 | 에디터, 지구·생명과학 존 래퍼티 | 에디터, 유럽 역사·군사 마이클 레이 | 시니어 에디터, 생의학 카라 로저스 | 교정 책임 에이미 티케넨 | 매니저, 지리·역사 제프 월렌펠트 | 어시스턴트 에디터, 중동 애덤 지단 | 어시스턴트 에디터, 예술·인문학 알리샤 젤라즈코 | 팩트 체크 책임 조앤 라코우스키 | 팩트 체크 피아 비글로우, 레트리샤 딕슨, 윌 고스너, 아르 그린

왓언어스 출판사
| 발행인 낸시 페레스틴 | 편집 주간 나탈리 벨로즈 | 아트 디렉터 앤디 포쇼 | 주니어 디자이너 데이지 사임스 | 제작 관리 알렌카 오블락

이 책의 원저작물에 대한 모든 권리는 따로 표시한 것을 제외하고 왓언어스와 엔사이클로피디어 브리태니커에 있으며, 한국어판에 대한 권리는 영국의 더라이트솔루션사와 한국의 ㈜디에디터를 통한 저작권자와의 계약에 의해 ㈜한솔수북에 있습니다. 이 책의 어떤 부분도 서면으로 된 승인 없이는 어떤 형태와 어떤 의미로든 복제하거나 전송할 수 없습니다. 여기에는 전자적이거나 기계적인 모든 방법, 복사와 녹음을 포함한 모든 형태, 정보 저장이나 검색과 같은 모든 정보 처리 방법이 포함됩니다.

Text © 2020 What on Earth Publishing Ltd. and Britannica, Inc.
Illustrations © 2020 What on Earth Publishing Ltd. and Britannica, Inc., except as noted in the credits on p.56.
www.whatonearthbooks.com

All rights reserved. No part of this publication may be reproduced or transmitted in any form or by any means, electronic or mechanical, including photocopying, recording, or any information storage or retrieval system, without permission in writing from the publishers.

Korean edition © 2022 Hansolsoobook Publishing Co.
Korean translation rights arranged with What On Earth Books through The Rights Solution, UK and The Editor, Seoul, Korea.

Printed and bound in Republic of Korea